◀ 金星老师

▶ 郑兴兴老师

(超级表达星欧阳菲导演作品)

◀ 亲子学习表达

▶ 精英班闭门游学会

◀ 一家三口学习表达

▲ 金星、郑兴兴两位老师组织公益亲子表达沙龙

▼ 郑兴兴老师组织家长亲子活动

◀ 郑兴兴老师课后辅导少数民族孩子学习语言表达

▶ 郑兴兴老师亲子表达课

◀ 郑兴兴老师早读带孩子们一起读古诗（家长随手拍摄）

站在
讲台上的
孩子

让孩子的表达力
成为未来的竞争力

金星 郑兴兴——著

北京理工大学出版社
BEIJING INSTITUTE OF TECHNOLOGY PRESS

版权专有 侵权必究

图书在版编目（CIP）数据

站在讲台上的孩子：让孩子的表达力成为未来的竞争力 / 金星，郑兴兴著. -- 北京：北京理工大学出版社，2024.4（2024.4重印）

ISBN 978-7-5763-3547-7

Ⅰ. ①站… Ⅱ. ①金… ②郑… Ⅲ. ①语言表达-少儿读物 Ⅳ. ①H0-49

中国国家版本馆 CIP 数据核字（2024）第 020006 号

责任编辑：徐艳君　　**文案编辑**：徐艳君
责任校对：刘亚男　　**责任印制**：施胜娟

出版发行	/ 北京理工大学出版社有限责任公司
社　　址	/ 北京市丰台区四合庄路 6 号
邮　　编	/ 100070
电　　话	/（010）68944451（大众售后服务热线）
	（010）68912824（大众售后服务热线）
网　　址	/ http://www.bitpress.com.cn

版 印 次	/ 2024 年 4 月第 1 版第 2 次印刷
印　　刷	/ 三河市华骏印务包装有限公司
开　　本	/ 880 mm × 1230 mm　1/32
彩　　插	/ 2
印　　张	/ 10
字　　数	/ 210 千字
定　　价	/ 59.80 元

图书出现印装质量问题，请拨打售后服务热线，负责调换

本书赞誉

短视频里好多孩子讲话头头是道，比大人还能说。现实生活中很多孩子并不擅长表达，金星老师不仅仅是电视台的金牌主持人，台风好，会表达，而且有丰富的家庭幸福表达力的培养经验。他和名优班主任兴兴老师把自己的干货变成一本书，一定能帮助更多想让孩子提升表达力的家长！

秋叶品牌创始人、秋叶 PPT 创始人｜秋叶

小朋友在表达里遇到的所有问题，几乎在金星老师和兴兴老师的这本书里都有答案。小朋友性格不同，表达方式不同。有不爱说话的，有爱说话的。不爱说话，很可能是因为没有章法；而爱说话也不等于会说话。把说话的本能变才能，就是这本《站在讲台上的孩子》可以帮到你的。

DISC+ 社群联合创始人｜李海峰

表达能力是一个人一生中起着决定性作用的能力，从儿童时期开始培养孩子的表达力是智慧家长的关键决策。一个善表达、爱表达的孩子一定不会缺少自信和机会，而一个重视从小培养孩子表达能力的家长，一定可以培养出一个具有未来竞争力的优秀孩子。金星老师和兴兴老师多年潜心研究与实践表达的系统化体系，形成了一套学得会、用得上的知识系统，希望这本书可以让你的孩子成为人生的主角。

豹变 IP 创始人、豹变商学院长｜张大豆

当今社会，表达力已经成为每个人必备的核心技能，尤其是对于成长中的儿童来说更是如此。《站在讲台上的孩子》这本书中，作者以其丰富的经验和深刻的洞察，为我们展示了如何在日常生活中培养孩子的表达能力，帮助他们在未来社会中更好地定位自己、表达自己。这本书不仅是一份教育资源，更是一份启发思考的灵感来源。无论您是家长还是教育工作者，都会在这本书中找到珍贵的启示和灵感。

辽宁广播电视台少儿节目主持人、青少年语言艺术师资培训导师 | 大琦哥哥

深耕演讲培训10余年来，我发现很多人都不敢讲、不会讲，因此，人生的重要时刻往往输在了表达上。如果从小就能得到口才方面的培养，我相信，很多人会少走许多弯路。所以，这本书是每一个孩子和家长的必读书，方法系统，实战性强，案例生动丰富，而且每一章的结尾还巧妙设计了趣味游戏，不仅能够有效提高孩子的口才表达力，还能增进亲子关系。相信能够认真阅读并践行的家庭，孩子一定能成为表达高手！

《演讲高手》作者、勇敢说口才培训中心创始人 | 汤金燕

表达力是塑造一个人自信心最快捷的方式之一，越早学习表达，对一个人信心的塑造、语言的组织、思维逻辑的构建越有帮助。金星老师和兴兴老师的这本《站在讲台上的孩子》给正处于语言成长期的青少年们带来了正确的指导方向，打造夯实的表达基础，适合家长和孩子共同阅读！

资深即兴演讲教练、《从0到1搞定即兴演讲》作者 | 于木鱼

序 1

我们都可以成为站在讲台上的孩子

亲爱的读者你好，欢迎你打开这本书，我想你一定期待通过这本书的阅读和训练方法，让自己的孩子成为一名自信满满、善于表达、懂得沟通的孩子。如你所愿，其实你就是孩子最好的表达力老师。

我是一名"80后"，在省级电视台已经从事了17年的记者和主持人的工作。站上舞台，面对很多人说话，面对镜头说话，就是我的工作。在工作中，我也发现有很多有才华、有梦想的优秀人才，因为缺乏好的表达力，吃了"茶壶里煮饺子"的亏。在职场中，往往事情都是你做的，可就是因为不会说话，功劳却是别人的。在学校里，孩子不会表达，往往在课堂上胆小害怕，不敢举手争取更多发言的机会。在生活中，如果不会好好表达，我们往往把最好的脾气和修养留给了陌生人，却把口无遮拦的样子留给了最亲近的人。所以我深深知道，会表达真的太重要了！

有朋友会说："你是专业的主持人，你一定经历了专业的学习和培养，所以当然能说会道了。"其实不然，我出生在一个普通工人家庭中，我的整个家庭中，没有人从事过语言或者艺术类的工作。大学里，我学习的也不是播音主持专业，而是师范专业，因为经常参与学校里的演讲比赛和主持活动，经过一次次的锻炼，我也从一名门外汉变成了站上讲台、面对镜头的专业主持人。我发现普通孩子经过科学的刻意练习也能够自信、阳光、有逻辑地表达。请注意，这里的刻意练习，一定是科学的刻意练习，因为如果练习方法不对，很有可能会出现南辕北辙的情况。在过去的5年时间里，我和团队的伙伴们共同创立了"超级表达星"的教育品牌，我们有一个心愿——帮助一亿中国家庭幸福表达。我和团队的老师们发现，站在讲台上说话，需要的是有自信、有逻辑、有说故事的能力，这些能力不仅孩子们需要，大人们也需要，所以全家共同学习，打造学习型家庭，就是我们的目标。如果我们身边的每一个小家庭都是学习型家庭，我们的社会也会变成学习型、幸福型的大社会。

在这本书的创作过程中，我和兴兴老师查阅了大量资料，并且结合实际工作经验，找到了切实可行的科学的刻意训练的方法，相信你读完之后，一定会收获满满。在这里还要特别感谢团队的吴义朝老师、欧阳菲导演和高雅逸老师的支持，大家的共同努力，才让这本书得以展现在你的面前。

不论我们长到多大，内心都住着一个小孩，期待当聚光灯照亮我们的那一刻，我们都可以成为讲台上侃侃而谈、自信闪光的孩子。

金星

2024年1月6日

序 2

说话是一种本能，会说话是一种才能

我在教育一线做了 18 年小学语文教师和班主任工作，接触到很多不同性格、不同类型的孩子。

大多数的孩子，虽然在家里和课堂上的表达能力不算差，但是一到重要场合，就紧张、胆怯，不知道该怎么办。

有的已经上小学一年级的孩子在谈吐方面却只有三四岁孩子的水平。

有的孩子在学校课堂上不能够主动举手发言，课下和同学们一起玩耍时也很难融入集体的氛围，不能和小伙伴愉快地沟通交流。

还有的孩子在家里也是沉默寡言，父母问一句才答一句。尤其是家里有客人来做客，孩子也只是躲在一旁不说话。父母见状很着急，大多数情况下，父母拉着孩子主动向客人打招呼，孩子也不知道怎么说。老师或者长辈问孩子问题，他也总是回答得颠三倒四，不知所云。这样的孩子可以说只有基本的说话能力，更深层的说话能力就不具备了。这就是表达能力差的典型实例。

如果一个孩子在小时候表达方面没有得到充分的锻炼，或者在表达方面遇到问题没有通过一些方法加以解决，就会影响这个孩子长大以后的个人发展。

无论什么时代，语言都是实现人际交流的重要手段，也是传播个人思想的重要工具。拥有好口才的人，能将陌生人变为朋友；能展示自己的才华，为自己赢得各种机会；还能说服对手，帮助自己摆脱不良的环境。

我们这一代父母大多是"80后""90后"，是第一代自我觉醒的父母；我们可以是将"我爱你"挂在嘴边的父母；我们可以是会跟孩子说"对不起"的父母；我们可以是鼓励型而非打击型的父母；我们可以是哪怕少赚点钱，也要多花时间陪伴孩子的父母；我们可以是陪孩子玩沙子、玩泥巴、在草地上打滚，衣服脏了也不会跟孩子发火的父母；我们可以是每天抽时间陪孩子亲子阅读的父母；我们可以是愿意蹲下身，认真聆听孩子想法的父母；我们可以是给孩子自由，让孩子拥有选择权的父母；我们可以是不给孩子随意贴标签的父母；我们可以是将孩子当成一个独立个体，平等对待的父母。长大后的我们，学会了自我成长和关系审视以及更加科学地养育、教育孩子。已为人父母的我们，一面治愈自己，一面和解父母，一面保护孩子。

郑兴兴

2023 年 12 月 22 日

目录

第一章
表达有自信，让孩子迈出"敢说"的第一步 001

1. 每一个胆小内向的孩子，都是演说家的"潜力股" / 003
2. 不善言辞的父母也能培养超强表达力的孩子 / 007
3. 培养自信会表达的孩子，父母要遵循三原则 / 013
4. 1分钟自我介绍，让别人刮目相看 / 019
5. 提高孩子表达自信心的六大法宝 / 025
6. 从表达力到领导力，智慧的父母带孩子玩这样的游戏 / 033

故事和游戏——我的自画像 / 036

第二章
表达有逻辑，让孩子从"敢说"到"会说" 037

1. 孩子是个"小话痨"，滔滔不绝却找不到重点 / 039

2. 放任孩子的"表达欲",规范孩子的"表达力" / 043

3. 父母掌握这三招,带领孩子找到"表达路线图" / 046

4. "总分总"逻辑模板,你和孩子都要学习的表达万能模板 / 050

5. 看到—想到—说到,让孩子边看动画片,边学会逻辑表达 / 054

6. 总结与反思,和孩子一起来做表达力的复盘游戏 / 060

故事和游戏——我最爱的动画片 / 063

第三章 065
表达有动作,让孩子成为舞台的焦点

1. 善于表达,不仅仅是会说话 / 067

2. 挺拔站姿,我们一起"天天向上" / 069

3. 丰富表情,让孩子的表达力倍增的秘密 / 073

4. 打开手势,即刻提升孩子的表达气场 / 077

5. 闪亮眼神,让孩子的眼睛"会说话" / 081

6. 打开动作,让孩子成为舞台上的那颗星 / 086

故事和游戏——一起来做表达"能量操" / 091

第四章

表达有节奏，让孩子说出动听普通话

1. "机关枪"与"大舌头" / 096

2. 练好气息，说好普通话的小秘密 / 103

3. 语言有韵律，孩子的表达更动听 / 108

4. 做好口部操，电视主播吐字清晰又瘦脸的小秘密 / 117

5. 保护嗓子，给声带做按摩的"吐泡"绝招 / 120

6. 朗读经典，感受语言表达的经典艺术 / 123

故事和游戏——家庭 TV《新闻联播》/ 133

第五章

表达有情商，让孩子换个角度看世界

1. "小暖男"和"小棉袄"的表达秘密 / 141

2. 情商表达小游戏，孩子也会换位思考 / 145

3. 今天我要夸夸你！学会赞美，赠人玫瑰 / 149

4. "抱歉，这个我不能做！"懂得拒绝不再委屈 / 154

5. 胜不骄败不馁，让我们换个视角看成败 / 160

6. 表达有情商，父母需要破除的三点误区 / 164

故事和游戏——你真的很不错 / 167

第六章 169
表达有礼貌，让孩子学会从容和优雅

1. 礼貌表达，是学习表达的必修课 / 171
2. 从语言表达到副语言表达，培养孩子的从容和优雅 / 176
3. 表达有礼貌，和孩子说"请" / 179
4. 懂礼貌会表达，让孩子秒变"小淑女"和"小绅士" / 184
5. 向古人学智慧，从中国历史经典里学习表达的礼仪 / 192
6. 场景化表达礼仪训练，让孩子"知书达礼" / 196

故事和游戏——请你帮我一个忙 / 199

第七章 201
表达能即兴，让孩子懂应变、更聪明

1. 即兴表达，是检验孩子表达能力的"验金石" / 203

2. 家庭辩论赛，用辩证的观点看世界 / 210

3. 即兴问答，让孩子学会"快反应，慢说话" / 214

4. 教给孩子即兴表达的"六个秘籍" / 217

5. 即兴表达的训练小游戏 / 221

6. 即兴表达，父母需要这样去鼓励 / 224

故事和游戏——角色互换猜猜看 / 227

第八章 / 229
表达有内涵，让孩子成为"小小演说家"

1. 会讲故事的孩子，表达才能有内涵 / 231

2. 孩子说好故事的五大模型 / 236

3. 听故事，给孩子有趣的表达输入模式 / 241

4. 讲故事，父母从讲述人到倾听者 / 244

5. 从讲故事到提炼观点，说出内涵 / 247

6. 会演说的孩子，赢得美好未来 / 255

故事和游戏——今天我是演说家 / 258

第九章 — 261
表达有文采，让孩子既会说，更会写

1. 优秀人才的两大技能——说话和写作 / 263
2. 从会说到会写，打通两者之间的"任督二脉" / 266
3. 多个方法，提升孩子遣词造句的能力 / 270
4. 18 年的语文教师告诉你，如何让孩子的作文不再是"流水账" / 290
5. 小学生怎样写演讲稿 / 293
6. 会说话会写作，和孩子一起成为能说会写的表达高手 / 300

故事和游戏——我是小李白 / 304

后记 — 306
每一个孩子，都是值得被鼓掌的"演说家"

第一章

表达有自信,让孩子迈出『敢说』的第一步

会表达的孩子有光芒

1
每一个胆小内向的孩子，都是演说家的"潜力股"

兴兴老师从事小学语文教学工作和担任班主任 18 年，带过很多届学生，接触过不同类型的孩子。在一个班级中，胆大自信的孩子数量占 20%，胆小不自信的孩子也占 20%，其他孩子就是中间型。胆小不自信的孩子，典型特征就是见到陌生人最初的一段时间，甚至很长时间，都不爱说话，脸红，退缩。在公开场合不愿意主动说话的孩子，大人们通常会说："这个孩子胆子小。"其实，胆小不能用好和坏来评价，虽然这个孩子表现出退缩、胆小的状态，但是他敏感性高，可能在其他方面表现优异。但是这些胆小不自信的孩子需要引起家长和老师的足够重视！为什么呢？

我们先看一看，那些胆小不自信的孩子长大后会怎么样呢？

胆小不自信的孩子长大后不敢参加同学聚会，不愿去人多热闹的场合，什么公司聚餐、工作演讲、主持等，统统不想参加，因为不相信自己能做到，怕自己做得不够好，没面子，丢人。

胆小不自信的孩子长大后当众不太敢发表自己的见解，担心说错了话，遭到别人笑话。

胆小不自信的孩子缺乏配得感，长大后真正喜欢一个人的时候，觉得对方什么都好，但总是担心自己说错话，害怕自己配不上对方。

你身边是不是总有这样的人，你是不是有的时候也会这样？

其实这都是自卑情结在作怪。

毕淑敏在《破解幸福密码》一书中说："自卑情结是幸福的最大敌人，一个人无法克服并超越自己的自卑情结，就无法享受幸福。"

如果一个胆小、内向、不自信的孩子，家长和老师没有给予足够的重视，长大后很可能发展成一个自卑的人。

如果，我们足够重视，又用对方法呢？

邓亚萍因为个子矮自卑过，最后成为奥运冠军；

姚明因为太高自卑过，最后成为篮球明星；

吕燕因为长相自卑过，最后成为世界名模；

古希腊的戴蒙斯·赛因斯因为口吃自卑过，最后成为演说家；

罗斯福因为小儿麻痹自卑过，最后成为美国总统。

如果家里的孩子胆小、内向、不自信，我们家长可以怎么做呢？首先需要掌握"三不"。

一、不做负强化

家长应该做的第一件事情就是：千万不能当着孩子的面说他胆小，或者跟别人形容自己的孩子胆小。尤其是家长带着孩子在路上遇见熟悉的人，家长会特别想让孩子和熟人打招呼，当孩子不愿意主动打招呼时，家长往往会觉得自己没面子，会当着孩子的面，补上一句："这孩子胆子小。"无论哪种情况，在心理学上都属于"负强化"。即使孩子偶尔听到被家长评价"胆子小"，也会在心中留下印记，不利于"胆小"这种状况的改变。

二、不强迫孩子做你想让他做的事情

亮亮是一名一年级的小学生，每次妈妈接亮亮放学走到小区，都要和小区里一些邻居打招呼，还拉着亮亮说："快，喊王奶奶好！"

亮亮此时通常低头不语，或者快速离开。

妈妈很没有面子，不免数落道："这孩子，小时候还知道招呼人，现在胆子越来越小，都不会招呼人。"

亮亮回头气呼呼地瞪了妈妈一眼。

妈妈："我没讲错咯，你是个男子汉，连招呼人都不会，你还能干啥！"

我们试想一下：妈妈的出发点是想让亮亮能够活泼开朗，主动和邻居打招呼，而亮亮在妈妈说完这两句话后，就会从一个内向的孩子，变成性格外向的孩子吗？还是会更糟呢？

本来孩子面对不是特别熟悉的人和事的时候，心理上就是胆小的、退缩的，但是这时候你却一定让他打招呼，孩子就更焦虑、更害怕、更感觉有压力了。

那如何做既可以让孩子主动、有礼貌地和邻居打招呼，家长又不失掉面子呢？家长们不妨这样试试：

妈妈可以先引导孩子看着从远处走来的邻居，顺着方向，用手指着，并面带微笑地说："宝贝，你看那边谁来了？是不是王奶奶来了？还认不认得王奶奶？"然后走近的时候说："我们和王奶奶打个招呼好吗？"家长用询问和商量的语气把建议给到孩子，而最终孩子有没有和别人打招呼，决定权在于孩子。

如果孩子就是不和别人打招呼，一直低头，妈妈什么都别说，不要强迫他，要用自己的行动一点一点地做出正确的示范，相信孩子可以接收到来自家长的保护以及正确的示范方式。如果在家长的影响下，哪天孩子开始尝试着小声和别人主动打招呼了，这时候妈妈就可以表现出特别高兴的样子，立马表扬他，给予肯定的目光。这样做的目的就是正强化，孩子得到表扬下次还会主动去做。

三、不给孩子压力，顺其自然

性格内向的孩子，心里什么都明白，而且生理上一切正常，但是他就是退缩。对于这样的孩子，不妨尽量多给他提供和陌生人见面的机会。如果他不和别人玩，比如，到了游戏场所他一个人单独玩，我们的主张就是不要给他压力，不要强迫，顺其自然。顺其自然的意思就是孩子有自己的天性，天性是由遗传基因决定的；如果你顺从他的天性，给他创造相应的好条件，就有利于他的发展；如果你违反他的天性，强迫他做他自己现在不想做的或者他做不了的事情，就会给孩子增加压力，对孩子的发育和发展都没有好处。

在家长和老师的用心鼓励下，孩子一定会克服现有的不足；再加上在学校得到相应的锻炼，例如：上课回答问题或同学选他当了班干部，在这种情况下他会壮着胆子锻炼；最后说不定会他成为一个培训师，或者一个优秀的管理人员，不时地要当众讲话。

不善言辞的父母也能培养超强表达力的孩子

卡耐基在《语言的突破》中提道："一个人事业的成功，只有15%取决于他本人的智力的技巧，而另外85%取决于沟通的能力、讲话的技巧以及说服他人的能力。"

每个父母都希望自己的孩子长大能说会道，有很好的口才表达能力，能够在任何时候都不怯场，敢于说出自己心中所想。可很多父母有这样的担心：我自己从小就不善言辞，孩子和我交流的也不多，孩子缺少了最直接的学习口才的途径，万一孩子将来像我这样不爱说话、不会说话，影响孩子的口才不说，还会影响孩子将来的前程。这都是被我耽误了。

有这样想法的家长真不少，他们因为自身条件不足，担心孩子未来像自己一样，由于自己的表达力不足，想在自己的下一代身上进行弥补。

每逢放学时间，班主任老师在校门外放完路队，总有家长围着老师问："我家孩子今天上课发言了吗？""我家的今天有没有举手？""唉，我家的随我，在家说什么都行，一到关键时刻，什么都讲不出来了。"……类似这样的话，不绝于耳。亲爱的家长朋友们，你们有没有类似的担忧？有没有问过老师类似的问题呢？

其实，如果有家长良好的引导，是正解，但不是最优解。最优解是什么呢？明白儿童语言发展的规律，掌握科学的学习方法，和孩子一同学习、一同练习，一同提高表达力，才是快速提高孩子口才的最佳方式。

我们先来了解儿童语言发展的规律。语言是人类特有的一种高级神经活动，是学习、社会交往、个性发展中的一个重要能力。儿童语言发育标志儿童的全面发展。

人类的语言是有声语言，语声是语言的物质外壳，词语的意义是靠声音表达出来的，而婴儿从分辨到发出语声是一个渐进的过程。

一、发育期

0~3个月是婴儿的简单发音阶段，婴儿出生后的第一声啼哭就是最早的发音，也是今后语言的基础。新生儿只会哇哇啼哭，没有其他发音。大约2周的婴儿就可以区分人的语声和其他声音了，如钟声、哨声等，婴儿期这种区别不同声音的能力是学习语言的前提。婴儿在2个月大时，对语言中包含的情绪就会有所反应了。例如：婴儿如果听到爸爸妈妈或者和婴儿一起生活的大人发出厉声斥责的声音或者愤怒的声音，婴儿就会哇哇大哭；如果大人语气轻柔，或者对婴儿温声安慰，婴儿就会开心地笑。有时候在表情微笑时，还能伴随发出和谐的喉音。3个月的婴儿就可以发出喃喃的声音。5~6个月的婴儿可以发出一些单音节词。婴儿到了7~8个月的时候，就可以发出复音，例如"爸爸""妈妈""达达"等词语,并可重复大人所发出的简单音节。

二、单词期

大多数情况下,一岁半的宝宝就能够说出一些简单的生活中常用的单音节词语了,例如"吃""睡""走"等词语。这个时期的宝宝,能用语言表示出自己的需求,如"吃饭""妈抱"。这时期的语言特色是说单字句,并且能用手势、表情等辅助自己的语言来表达个体的需要。一岁半的宝宝还能以动物的声音来代替动物的名字,也能模仿自己听到的声音。如果有人问宝宝:"你几岁?"宝宝会鹦鹉学舌式地复述一遍:"几岁。"宝宝模仿自己听到的声音如同回音一般,所以医学上称之为"回音语"。"回音语"出现在宝宝一岁半的阶段,并会持续到宝宝2岁左右时消失,这是正常现象。2岁时期的宝宝开始知道"物各有名",像问十万个为什么一样,喜欢问"这是什么""那是什么",喜欢问各种事物的名称,这个时期的宝宝,大脑中字句存储量会迅速增加。

三、单句期

2~2.5岁,这个时期宝宝语言发展非常迅速,一般都已经掌握了本民族的基本语言。从说单个字到可以说出双字词语,然后会说简单的短语,进而能说出简短的句子。这个时期宝宝会用代词你、我、他,并知道这三个代词指代的含义。宝宝开始接受"母语"独特的语法习惯。例如:宝宝会用感叹句来表示感情,会用疑问句询问大人等;能正确说简单的话,如"妈妈上班去"等。这个时期宝宝可以做到看图画说一句简短的话。

2.5~3岁,这个阶段的宝宝不仅能熟练地使用代词,如"你、我、他",还可以使用复杂句,但仍是比较短的句子,每一个句子基本在 6~10 个字。这个阶段也是宝宝喜欢提问的时期，因此又称"好问期"。

四、完备期

3~6 岁是完备期，3 岁末的宝宝已掌握了最基本的词汇，也就是说掌握了最基本的语言，这个时期的宝宝说话流利，会用各类词，并能从成人的言谈中发现语法关系，修正自己错误的、暂时性的语法，逐渐形成真正的语言。这个时期宝宝的语言能力，让他们的心理活动开始有了概括性，语言的进步，让完备期的宝宝们开始认识直接经验所得不到的事物。

五、最佳发展期

一个孩子语言发展的最佳时期是 5~12 岁，这个阶段，孩子的语言学习能力是成人的 5~10 倍。因此，了解了孩子语言发展的进程和规律后，爸爸妈妈们需要格外重视这个年龄段孩子语言的发展。每一个爸爸妈妈，也可以有绝对的信心：只要引导得好，每个孩子都能成为语言表达的高手！

了解了儿童语言发展的规律后，家长究竟要怎么样做呢？有没有简便易操作的方法呢？先看一位家长的做法：

这位家长，为了锻炼孩子的表达能力，在家里用孩子小时候用过的泡沫地垫，拼接搭建了一个小舞台，平时孩子会在这个"舞台"上面"表演"，他和妻子就在舞台下各种"花式鼓励"。

因此，"关注"才是培养孩子任何技能和软实力的第一步！"花式鼓励"并不是盲目地夸孩子，这样容易造成孩子虚荣心和过度骄傲。"花式鼓励"也要有条有理，具有真情实感，让孩子感受到父母夸得对，不是敷衍和吹捧。

可以怎么夸呢？爸爸妈妈们记住下面几条，带着你满满的诚意夸孩子，孩子一定从"不愿说"到"乐意说"，甚至"抢着说"。

你可以这样夸孩子：

"你刚才朗诵的声音真洪亮，后面的观众都能听到。"

"你声情并茂的朗诵吸引了我。"

"宝贝，你发音口齿清晰，字正腔圆。"

"孩子，我观察到，你在说到'……'的时候，你注意到了停顿，原来这就是抑扬顿挫呀！"

"宝贝，刚才你在演讲的时候，还用到了手势，真棒！"

"宝贝，你在舞台上站得笔挺笔挺的，真精神！"

类似于这样既鼓励孩子又有具体意见的表扬话术，可以快速树立孩子表达的自信心，帮助孩子提升表达力。

当然，孩子在实际练习的过程中，一定会有状态不好的时候，或者某一方面有弱点的时候，这个时候，父母切记，不可以不分青红皂白地说孩子："声音怎么这么小？""读得一点感情也没有！""读得太快了，不能慢一些吗？"如果父母用这种方式和孩子沟通，只会增加孩子抗拒表达的心理，削弱孩子在表达方面的自信，前功尽弃。

即便是孩子有错误和需要改正的地方，我们也可以采用"先扬后抑"的方法，先指出在这段朗读中，孩子表现比较好的地方，例如读音全部正确、语句通顺流利、某一句感叹句读得有感情、某个词语加重了声音语气等，再给孩子提出建议。即便你再想快速指出不足，也一定让孩子接收到的是建议哦！妈妈可以说："我觉得你读到这个地方的时候，如果能停顿一下，可能效果更好。

要不我们一起试一试！"爸爸还可以说："咱们是男子汉，读这一段的时候，咱们可以把男子汉的气概拿出来，你觉得呢？"这种先指出孩子表达中的优势、亮点，再提出改进的"先扬后抑"方法，不仅孩子易于接受，而且孩子会进步飞快！

大家可以根据自己的情况，创造属于孩子表达的"仪式感"。

家里的小舞台可以是网上 200 元淘来的半圆形讲台，也可以是家里的椅子或沙发，形式不限、材料不限。我们为人父母，首先要有这样的意识：只要孩子有愿意表达的小种子，只要我们想培养孩子的语言表达能力，我们就可以因地制宜、就地取材，为孩子创造舞台，创造在舞台上敢于表达、敢于发声的机会。

用对方法，科学鼓励，不善言辞的父母也能培养出超强表达力的孩子。

培养自信会表达的孩子，父母要遵循三原则

要培养自信会表达的孩子，父母要遵循三原则：会倾听、要意见、创情景。

一、会倾听

无论孩子年龄多大，是牙牙学语的萌娃，还是学龄儿童，抑或是青春期少年，家长都要给孩子展现自己的机会。在孩子说话时，家长不要轻易打断孩子说话，不要以自己的经验武断地打断孩子说话，耐下性来、静下心来，用一种倾听朋友说话的姿态，去倾听孩子说话，要把注意力从自己的主观认知转移到孩子身上，让孩子感受到你对他的尊重，并且在倾听的过程中要用欣赏的眼神注视孩子，鼓励孩子勇敢说下去。

我们的生活中，有没有发生过下面这种情况：

晚上放学回到家。

天天："妈妈，我和你说件事……"

天天妈:"你能有什么事?今晚作业写完了吗?赶紧写作业去!"

天天转身来到爸爸身边:"爸,我有件事想和你说……"

天天爸:"等一下,我先去趟卫生间。"一边说,一边拿起手机朝卫生间走去,"砰"地一声关上门,半小时没出来。

天天摇了摇头,"唉"的一声叹了口气……

快节奏的生活让我们马不停蹄地往前赶路,每天有做不完的任务、一件赶着一件的事情,我们有多少时间能静下心来,听听孩子心声?想想我们现在的家庭中,有多少在孩子一放学和他们说的第一句话就是"今天作业写完了吗"的"天天妈",有多少在家最爱拿着手机待在卫生间的"天天爸","同一个世界,同一个爸爸"?

试想一下:

当我们不能为孩子创造良好的表达环境时,当孩子想和我们分享一件他看来很大、我们认为很小的事时,当孩子满怀着激动的心情和我们说话却被无情地打断时,我们的孩子会是什么心情?我们的孩子还会在下一次愿意表达和分享自己内心的感受吗?

所以,预防永远比治疗重要!倾诉永远是保持自信、乐观,保持良好心态的最佳途径!不要等到孩子不愿意和家人说话,不愿意和周围人说话,甚至出现问题时,家长才急着找心理医生咨询。

无论孩子说的是否正确,无论孩子说的是什么事,无论你当下是否在忙碌,千万不要说"别吵我""别烦我"或者"我不想回答你的问题",那样就是把孩子与你交流的大门彻底关上了。

用什么方式倾听孩子的内心呢?我们用"平视""耐心""回应"的方法。

平视:请你蹲下身来,和孩子的眼神处于平视状态。

耐心:请你耐心地倾听他也许不完整、也许语法上错误百出的那段话、那个故事。

回应:请你在倾听的过程中适当地点头,并配合"嗯、哦、是的……"这样的词语,让孩子感觉到你在回应他、肯定他。

培养自信会表达的孩子,从耐心倾听,不打断孩子说话开始!

二、要意见

学会倾听是第一步。如果孩子没有主动和我们分享和沟通时,怎么办呢?我们要学着"创造机会"。不要觉得孩子小,什么都不懂。家里无论大事小事,哪怕你已经有了决定,有了主意,还是要征询一下孩子对这件事情的看法和观点,就是主动"要意见"。

"要意见"可以让孩子感受到尊重!

"要意见"可以让孩子更有责任感!

"要意见"可以让孩子更加自信!

"要意见"是在家庭生活中逐步培养孩子想表达、爱表达、乐表达的过程。

如何"要意见"呢?

小菊上四年级时,小菊的奶奶生病了,小菊的爸爸妈妈担心照顾奶奶的同时,又兼顾不到小菊的学习,孩子学习自觉性不足,成绩会下降。

小菊妈妈:"小菊爸、小菊,今天晚上,我们需要开一个家庭会议。"

小菊爸爸："你有什么事情直接说就是了。"

小菊妈妈："这个家是我们三个人的，会议要全体人员都参加。"

小菊妈妈有意营造一种庄重的氛围，让小菊觉得事情重大，同时小菊妈妈创造的氛围，为后面征询小菊的意见，让她感受到被尊重留下"伏笔"。

家庭会上，妈妈安排爸爸做"会议记录"。

小菊妈妈："奶奶生病了，需要我们的照顾，爸爸妈妈白天要上班，不能同时请假，你们说怎么办？"

注意，这里小菊妈妈用的是"你们"，而不是"你"，就说明妈妈在这里，把小菊在家庭里的家庭地位和爸爸的家庭地位是放在同等条件下的，让小菊感受到：虽然我是小孩，但是对待我的态度是和大人一样的。

小菊爸爸说："我们不能同时请假，那就隔一天请一天，轮流照顾奶奶。"

小菊妈妈："小菊，你认为呢？"

小菊："妈妈，我也可以照顾奶奶。"

小菊爸爸："你周一到周五都要上学，周末有兴趣班，怎么照顾呢？"

小菊："我是家里的一分子，也要出点力，周一到周五你和妈妈轮流照顾，周末没课的时候可以安排我半天啊。"

小菊妈妈："可是我们照顾奶奶的时候，就顾不上辅导你功课，怎么办呢？"

小菊:"妈妈,我已经不是小孩子了,我会自己安排好学习计划的。"

妈妈:"可以把你的计划说给我听一听吗?"

……

妈妈:"关于照顾奶奶的事,我们会议投票通过小菊的方法。"

你看,其实,妈妈心里早有了盘算,但是不露声色,也不说出来,而是让小菊参与到家庭事务中来,这不仅激发了小菊的责任心,更是让小菊在一次又一次的"要意见"中敢于自信地表达出自己的观点。有这样良好的心理基础,还怕孩子不乐观不开朗吗?

当然,很多时候孩子的观点和我们自己的观点不一致,这个时候不要去急着训斥孩子,更不能盲目反驳,而是要耐心地倾听完孩子的观点,从孩子的角度,用孩子的语言来教育孩子明辨是非。

三、创情景

语言能力的培养是最讲究氛围和环境的,爸爸妈妈们需要创设情景,鼓励孩子多说话、多表达。

从哪些方面创造说话的情景呢?

从和孩子一起亲子阅读开始;

从和孩子一起朗读经典开始;

从和孩子一起参加学校活动开始;

从和孩子一起参加有意义的社会活动开始;

从和孩子一起严格控制上网时间开始。

孩子小的时候，无论父母每天工作多么繁忙，都要尽量抽出时间为他讲故事，尤其是给孩子讲中华经典故事。

我们可以通过"毛遂自荐"的故事，让孩子知道毛遂因为勇于展示自己口才，得到了出使楚国的机会。

我们可以通过"晏子使楚"的故事，让孩子知道晏子"针尖对麦芒"，维护了自己和国家的尊严。

我们可以通过"舌战群儒"的故事，让孩子知道诸葛亮用自己的口才、学识、胆量缓解了刘备的困局，达到联吴抗曹的军事目标。

……

亲子阅读的时光里，用我们的声音，让孩子沉浸在一个又一个经典的故事中。中国许多经典故事，无不彰显着语言表达的魅力。这些沉淀着中华民族精神和传统美德的故事，浓缩了中国人做人做事的智慧，最终将融入孩子的血脉之中。

我们把这些故事在家里读出来、演出来，孩子一定会不亦乐乎。对于"台词"，从"不敢说"到"抢着说"，最后可以达到抑扬顿挫地说。只要我们用方法激发出孩子的兴趣，不仅能够提高孩子的语言表达能力，他的学习能力和学习速度也会有一个大幅度的提升。

4
1分钟自我介绍，让别人刮目相看

在人际交往中，自我介绍是不可或缺的一种礼仪。一个孩子从小到大，无论是上幼儿园、小学还是中学、大学，在任何集体里都要先进行自我介绍。孩子在成长过程中参加的竞选演讲、艺术类考级、红领巾广播站、国旗下发言、六一联欢、元旦晚会、各类面试等活动，大都需要孩子做自我介绍。小小的自我介绍，看似只有一分钟的时间，却是孩子成长过程中不可或缺的一部分。这黄金一分钟好不好，直接关系到孩子在集体中给别人的第一印象以及往后交往的顺利与否。

爸爸妈妈们，在没有学习自我介绍的方法前，按照你们的惯性思维，让你们做个自我介绍，你们会怎么介绍自己呢？

传统自我介绍中的误区：强化自己的名字。

我们从小到大，传统的自我介绍几乎是千篇一律。

"大家好，我是金星。金色的金，星星的星。"

"大家好，我是郑兴兴。郑成功的郑。高兴的兴。"

这样的自我介绍就是在强化自己的名字。而现在是追求个性化、多元化的时代。演讲者的名字对演讲者本身有着父母寄予的意义，但对于听众来说，只是一种文字符号。如果我们的孩子还在用我们这种版本的自我介绍，显然已经过时了。

那孩子应该怎样自我介绍呢？学会自我介绍前，我们先要清楚自我介绍的底层逻辑和方法，这样就可以更好地助力孩子有效表达。

逻辑一：对谁说？——关注听众

在开始一段自我介绍之前，我们要弄清楚：这段自我介绍是讲给谁听，是面对同学，面对老师，面对考级评委，还是面对联欢会观众？我们每一次的自我介绍都需要和听众建立联系，心中有"听众"，讲出的话才是得体的，讲出的话才能照顾到对方的感受。这也是情商表达的基础。

逻辑二：为什么说？——明确目的

弄清了表达对象，我们还需要思考：为什么要做自我介绍？明确了自我介绍的目的，才能有的放矢，事半功倍。

自我介绍有三个目的：

浅层次目的：给人触动，带给人新观点。让听众有所感动和触动。例如参加考级面试，让评委觉得：这个小朋友不错，他身上有闪光点触动到我了。给评委带来新的感知。

中层次目的：让别人做一个决定。例如面试中，通过自我介绍，让考官认识到孩子有专业技能，并且让考官通过孩子的优秀表现，给予孩子考试通过。让考官有这样的想法：我决定，他通过了本次面试。

高层次目的：号召别人行动。你希望别人采取什么行动，自己要主动讲出来。如希望大家投你一票，那么目的越细化越好。（参加班干部竞选，让老师和同学们看到你担任班干部的优势，并且为你投下一票。）

首先，明确了自己每一次自我介绍的目的，再根据目的，确定在自我介绍中，如何展示出自己的优点。

温馨提示：每一次自我介绍时，优点选取不超过三个。

例如：班长竞选自我介绍时，列出自己"有班干部经验"和"热心帮助同学"两个优点。

例如：主持元旦晚会前的自我介绍，列举自己"爱好文艺""性格开朗"两个优点。

例如：刚转校，或者到一个新班级做自我介绍时，男孩子想尽快融入新集体，可以说"我爱好篮球，希望同样喜欢打篮球的同学，下课约我一起挥汗球场"。

逻辑三：怎么说？——掌握方法

方法一：自我介绍具体化

用具体化的方式让人可以直观联想。

例如传统自我介绍中的"我喜欢看书、舞蹈、画画、旅游"等，这样的自我介绍基本雷同，可以改为具体化的描述：

如果你的爱好是阅读，你可以说："我喜欢看书，最近看了《三国演义》，我最喜欢的人物是诸葛亮。"

如果你的爱好是旅行，你可以说："我喜爱旅游，前段时间和爸爸妈妈一起去了北京的八达岭长城，长城真壮观真雄伟啊。"

如果你的爱好是美食，你也可以说："我是个十足的吃货，最爱吃四川火锅。"

当我们把具体的书名、人物名字、自己的感受表达出来时，和听众会有更多的共鸣。

方法二：去书面，多口语

重要的自我介绍中反而不需要那么"正式"的表达，即自我介绍时，控制书面语的使用。几乎每一个孩子在演讲前都是先写稿子，然后背稿子。而写稿用的就是书面语，但书面语和口头语是两个完全不同的语言体系。例如："我的父亲母亲"就是书面语，而"我的爸妈"就是口语表达。自我介绍的演讲中过多使用书面语，会形成僵硬、生疏之感，让听众觉得很假，因此需要有意地将表达方式尽量口语化。很多孩子平日写作习惯是书面语，怎样在演讲中将书面语转化成口语呢？在孩子熟悉稿件的时候，我们可以帮助孩子用手机语音功能把孩子演讲的内容录下来，自己作为听众听一遍文稿内容，哪里觉得听起来别扭，就改哪里。这样操作也非常简单。

方法三：控制字数留时间

无论是写文章还是演讲，一定不是越长越好，而是恰到好处最好。自我介绍用时也是十分考究的一点。我们正常的语速是一分钟之内，可以说出200~300字，语速快的孩子能达到每分钟

300字。

其实，无论大人还是孩子，很多面试答辩的环节，有一半人的一分钟面试自我介绍都会超时。为什么会超时呢？因为你非常重视，讲得多一些。所以在准备的时候，字数控制在220字以内就可以。练习的时候，一分钟自我介绍，讲到50秒或者55秒就可以了。千万不要把时间占用得太满，要留出一点点时间，在自我介绍后面讲一些结束和强调的话。

方法四：共同话题巧连接

共同话题是连接听众最好的方式，以此为开头可以快速吸引听众注意。例如：

尊敬的老师、亲爱的同学们大家好：请问在座的同学，有没有爱看漫画书的呢？（绝大多数学生都喜欢看轻松幽默的漫画书，这样的开头，迅速与听众建立了联系）

然后接着举例："我最喜爱看的书就是漫画书。有一次我在看漫画《父与子》的时候，妈妈让我去买酱油，我边走边看漫画，结果到了小卖店老板问我买什么，我当时正看到书中父亲给孩子吃糖，就随口说了一句'糖'，老板就给了我一袋白糖，我也没细看就回家了，回家后的情景你们可想而知了……"（一般情况下，用轻松幽默的方式讲到这里的时候，同学们已经哈哈大笑了）

最后，再用强调收尾。"这就是我，一个爱唱歌、爱跳舞更爱看漫画书的×××。"

自我介绍，不仅仅是展示自我的形式，也是孩子自我认知的方法。古人云："知人者智，自知者明。"认识自我，给自己一个准确的定位并不是一件容易的事情，而通过自我介绍，孩子可以对自己有一个全面的梳理。

提高孩子表达自信心的六大法宝

自信是孩子敢说和敢做的动力,也是一个人克服困难,不断努力、取得成功的动力之源。一位哲学家曾经说过:"有自信的人,已经走向了成功的一半。"每一个孩子的童年早期都是可塑性很强的时期。因此要想增强孩子的自信心,爸爸妈妈们必须要掌握以下六个法宝。

法宝一:护情面——不当众说孩子的缺点

我们经常会遇到这样的场景:家长带着孩子出门,遇到熟人,家长都会要求孩子和长辈打招呼。当孩子不愿意或者没有及时和对方打招呼的时候,你是怎么处理的呢?

小骏妈妈带小骏出门,遇见了买菜回来的邻居张阿姨。
张阿姨:"带宝宝出门啊?"
小骏妈妈微笑着说:"是的,带他去超市。"
然后转脸对小骏说:"快,喊张阿姨!"

而此时小骏没有按照妈妈的要求去叫张阿姨。

妈妈顿时没了面子，尴尬地对张阿姨说："这孩子越来越没礼貌了！"

孩子到了一定的年龄，他们已经知道自己的缺点，有时也会因为自己的缺点感到羞愧。如果父母在别人面前有意无意地暴露孩子的缺点，孩子的自尊心就会受到伤害。虽然有些孩子还很小，不能及时发现自己的缺点，但家长的语言行为仍然会对孩子自信心的培养起到消极的作用，并且使他们变得自卑胆怯。

看到这里，有的家长会说："不能惯着孩子，孩子有缺点和错误，我不能不说啊！"

是的，家长不指出孩子的缺点或不足是不负责任的，作为孩子的监护人，发觉到孩子需要改正和改进的方面时，我们必须要指出来，重要的是：在什么时间什么场合下指出来。也就是家长需要注意的时机。

如果有其他人在场，即使孩子的缺点很明显，家长也不能不顾孩子面子直接指出来，正确的做法是：给孩子一个善意的暗示，然后回家和孩子沟通交流，指出他们存在的问题。通过正确的教育方式，孩子们能很容易地找到并且快速地改正他们的错误。

法宝二：视己长——让孩子看到自己的优势

谦虚、内敛是中国人的优点，但是家长的谦虚、内敛要用对地方，有时候，过分的谦虚，对孩子可能会造成无形的伤害。

中国有句老话叫"取人之长，补己之短"。

但是在生活中，我们也应该学会发现自己的优势，增强自信。

有了自信的孩子会对学习更感兴趣,并且使自己的生活变得更充实。

首先,家长要改变自己说话的方式,鼓励孩子发现自己的优势。只有当孩子开始相信并理解父母时,他们才能感受到父母对他们的尊重,并以积极客观的方式了解自己的优缺点。只有当父母理解孩子并尊重他们的愿望时,孩子才能在良性环境中成长,学会在接受爱的同时爱自己、爱父母和爱他人。

法宝三:善鼓励——鼓励孩子表达自己的想法

著名心理学家皮亚杰认为:成人和儿童之间最本质的区别是儿童思维和成人思维之间的区别。

孩子有自己的思维习惯,如果成年人用自己的思维方式来要求孩子,就会打击孩子的自信心。

在生活中,父母应该鼓励孩子主动表达他们内心的想法。在这一过程中,孩子的独立意识也将得到培养。不管孩子的意见有多么幼稚,父母都应该认真倾听并鼓励他们,这将有利于他们的健康成长。建议父母在生活中,针对某个生活、学习中的问题,故意提出不同的意见与孩子进行讨论。如果孩子的想法是错误的,父母可以仔细聆听并且在孩子表达完自己的主张后,帮助他们纠正错误。

除此之外,父母应该让孩子感受到你对于他想说的话表现出一定的兴趣,这种行为将拉近孩子与父母之间的距离。例如,在听孩子讲话时,爸爸妈妈频频点头回应:"是吗?""我理解你所说的一切。"一旦孩子认为他们所说的观点、内容被父母接受,他们就会对自己产生足够的信心。

法宝四：创机会——给孩子创造自我展示的机会

美国社会学理论创始人班杜拉说："没有什么比成功更令人满意，也没有什么比成功更令人鼓舞。"

作为家长，我们应该掌握这一特殊的心理规律，并且在教育孩子的过程中利用这一规律。在孩子的成长过程中，家长应该根据孩子的兴趣开展各种活动，为孩子提供展示才华和获得成功的机会，让他们在不断展示自我的过程中增强信心，进一步转化为自己人生的强大动力。

如果孩子年龄段比较小，建议在日常生活中，家长用一些物质资源来调动孩子的积极性和勇气，例如给孩子准备小红花奖励、给孩子准备唱歌或演讲用的小麦克风、和孩子穿一样的演出服装。通过这种方式可以激发孩子表达的热情，并且让他们不再畏惧展示自己。

如果孩子年龄段在12岁以上，可以换一种调动的方式。这个时候我们可以抓住青春期孩子爱面子的特征，把孩子演讲的视频发给老师，获得老师的配合，让老师在全班同学面前表扬他，间接性地给孩子创造自我展示的机会。

法宝五：早干预——孩子自我贬低时及时干预

自我贬低的孩子往往都有受到家长或他人语言欺负或行为欺负的经历。自我贬低的孩子，可分为两种类型：一种是被欺负前，孩子原有的自我认同能力存在缺陷；另一种是孩子在被欺负的过程中被迫改变原来的自我认同。

小丽是个美丽可爱的女孩子，今年上小学三年级。小丽做作业的速度比较慢，但她的妈妈却是个急性子，每次看到小丽写作业速度慢吞吞的时候，就忍不住要说上几句："你怎么这么慢？你看你们班小彤，人家天天 6 点就写完作业了，你再看看你，天天写作业这么晚，真是笨死了！"

小刚今年四年级，在一二年级的时候是个性格活泼开朗，上课发言积极主动的孩子。三年级时他渐渐地迷恋上了手机网络游戏，每天在家里就会想尽办法悄悄地把家长的手机拿在手里，趁着大人没有注意时玩手机。一旦被妈妈发现，一定是一场"暴风骤雨"般的"洗礼"："又偷拿我手机！你完蛋了！就知道玩手机，不思进取！你不好好学习，以后要成废物了！"

我们身边是不是也有像小丽妈妈、小刚妈妈这样的家长？原本不想用语言伤害孩子，但是在情绪发泄时，类似"笨死了""完蛋了""要成废物了"脱口而出。这样的语言不仅会深深地攻击到孩子，更让他们对自己产生了自我怀疑和自我贬低："或许，我就是那个笨孩子。""也许，我真的就是像妈妈说的那么笨！""我也不想玩手机，可是我忍不住，我真的要成废物了！"……

有一些天生比较敏感的孩子，爸爸妈妈在家里能做到保护孩子的信心，可在学校里，这些敏感的孩子和同学相处时，同学一句无心的话，敏感的孩子就会当真。例如，和同学玩游戏没有过关时，同学无意间说道："哎呀！你真傻！"听到同学这样的评价，这些敏感的孩子可能就会产生自我否定、自我贬低。

心理学家说："所有坏性格的根源在于缺乏信心。"因此，我们要做一名细心的家长，不仅注意自己的言行不要对孩子产生伤害,还要留心感受孩子情绪和心理的变化。如果发觉孩子产生了自我贬低的现象时,家长需要及时干预,给孩子正确的指导、积极的反馈和心理健康教育,并以不同的方式干预孩子的自我贬低行为。

当孩子出现自我贬低的行为时,家长可以怎么做呢?

当孩子出现自我贬低的行为时,如果父母不是评判现象,而是能及时对孩子的能力进行表扬,那么孩子会拥有强烈的信心。当然,表扬孩子也有技巧。"是的,你很棒""干得好"和"你很好"这样的一般性评论是远远不够的。对待自我贬低的孩子,家长最好有具体的分析,例如:"这个方法很好,妈妈都没想到""我欣赏你的毅力",等等。

小丽和小刚的妈妈和我聊了孩子的情况后,我建议她们用以下的方法和孩子沟通:

小丽妈妈不要拿别人家孩子与自己孩子进行比较,而是从细节出发,找出孩子的进步点。小丽妈妈可以说:"宝贝,今天虽然是9点钟完成作业,但是妈妈发现,你完成第一项抄写句子的作业,比昨天竟然快了5分钟,说明你比昨天进步了,可以通过自己的努力,用自我提醒的方式,提高你写作业的效率(这是对能力点的肯定)。明天你可以比今天更快,这就是你的进步。日有长进,妈妈相信你可以做到。我们一起努力!"

小刚妈妈:"小刚,你又悄悄拿妈妈手机了吧?给我看看是什么游戏?看看我会不会玩?"

妈妈这样说,小刚一定会非常吃惊。同时,也不会偷偷摸摸玩手机了。

小刚妈妈接过手机，接着对小刚说："这有什么难度？我稍微学一学也能过关。赢了这一关算不得什么英雄好汉，有本事，咱俩比一比难度大的，赢了难度大的关卡才是真正的高手！"

小刚疑惑地问："什么是难度大的关卡？"

小刚妈妈："老师昨天要求背诵的古文，这个对你来说，肯定问题不大，因为你从小古诗就背诵得好，记忆文章比较快（这是对能力点的肯定）。可是背诵古文对我来说，就是难度大的关卡，不过，我不灰心，我想以你为榜样，并且努力超过你！"

其实妈妈不一定真的要背诵完古文，即便是能够把古文背诵下来，也可以适当地"放放水"或"示弱"。因为这种沟通方式，不是泛泛地夸孩子，而是有针对性地表扬孩子的能力，用"我想以你为榜样""努力超过你"这样的句式，让孩子从内心中感受到妈妈对他的尊重和肯定，用"比帮赶超"的方式点燃小刚心中努力奋斗的小火苗。

这样的教育方式，不仅可以打消孩子自我贬低的可能性，还可以让孩子对未来充满期待和奋斗的积极性。

法宝六：不打击——孩子失败受挫时不打击

美国著名心理学家塞德尔兹说："打击只会让孩子变成懦夫和无能的人。当然，纵容孩子也不是一个明智的方法，但至少可以让孩子得到自由。打击却是不同的，它可以毁灭一个儿童。"

对孩子来说，来自家长的打击会让他们觉得自己无用和卑微。打击教育会严重影响孩子的身心健康成长，给孩子带来难以想象的心理阴影。因此，父母应该在生活中时刻注意自己的言行。

当一个孩子不是故意做错事情的时候，首先家长要让孩子感受到：犯错误不可怕，谁都会犯错误。然后委婉地指出孩子的缺点或失败的原因，告诉孩子：犯错不可怕，关键是犯错后如何避免下一次类似的错误不再发生。最后对孩子进行鼓励。

除此之外，家长也可以对孩子说："如果你能够注意我指出的这一点，下次一定会做得更好！"家长通过引导孩子主动去思考失败的原因，就可以让他们避免再犯同样的错误。只有以这种积极的态度教育孩子，他们才能不断取得进步。

从表达力到领导力,智慧的父母带孩子玩这样的游戏

有领导力的孩子更有利于未来发展

看看身边的亲戚、朋友,无论是什么年龄、什么学历的父母,都有一个共同的愿望:希望自家的孩子长大后,能够成为一个优秀的人。有自己热爱的工作,最好能在单位里谋个一官半职。还有的家长希望自己的孩子将来可以成为一名企业高管,或者成为企业老板。其实,无论孩子以后在什么单位,领导管理能力都是必备的。这也是为什么有些家长想让自己的孩子成为班干部,就是想给孩子一个培养和锻炼领导能力的机会。

这么做是否有效果呢?虽然没有直接明确的数据,但是我们从一些社会现象可以证明这种锻炼是有一定效果的。比如每年春季的大学生招聘会,做过学生会主席的人更容易被心仪的单位录用,因为做过学生会主席的人更具备优秀的社会交际能力和活动组织能力。任何一家用人单位,都需要各个部门的团结协作,共同开展工作,自然离不开部门之间、员工之间的沟通、组织、配合。任何一家用人单位负责招聘的人力资源主管在千千万万的求职人

员中，自然也会格外关注有表达能力和领导能力的应聘者。因此在学校担任过班干部的学生，无论在求职前期还是在职场中都发展得更为顺利。大家所熟知的阿里巴巴创始人马云就是学生会主席出身，他在读大学期间担任了3年的学生会主席。

那么，对于年龄比较小的孩子来说，怎么培养孩子的领导力呢？我们可以试着从一些游戏着手，培养孩子的领导力。

父母首先明晰：什么是领导力？怎么锻炼领导力呢？领导力就是指在管辖的范围内充分地利用人力和客观条件，以最小的成本完成任务，提高整个团体的办事效率的能力。简单来讲，领导力就是会统筹各种资源，来达到完成团队目标的能力。怎么才能够锻炼孩子的领导力呢？

父母可以邀请其他小朋友来家里玩，安排一些角色扮演类的游戏，让每一个孩子都有自己的角色，都能参与到游戏中来。作为组织的家长，你可以利用主办者的便利，给孩子轮流安排一个关键的角色，先从自家孩子开始。比如跟别的孩子玩"过家家"的游戏时，可以让自家的孩子来扮演爸爸或者妈妈的角色，给其他小朋友发玩具或者食物。每个孩子想要玩别人玩具的时候，都需要通过游戏中爸爸妈妈角色的扮演者来协调分配。这种关键角色的塑造，可以让其他小朋友觉得扮演爸爸妈妈的这个孩子有能力，会管理、能协调，也更愿意跟他玩。你家孩子也会更有自信，更加开朗，同时也可以锻炼孩子的领导能力，因为在分配的过程中，孩子就会思考怎么合理分配资源，怎么做到公平合理。

聪明的父母通过游戏就可以培养孩子的领导力，多子女家庭也可以在家里玩这类"领导者"的游戏，可以是"过家家"，也可以是"元旦晚会的导演",还可以是"歌唱比赛组委会主席",只要我们事前告诉孩子,这个领导者职位的工作职责,以及大致需要沟通哪些方面,就可以放手让孩子做了。过程中,当孩子遇到困难时,父母进行适当的引导就可以了,不要过多干涉。

 故事和游戏

我的自画像

【游戏目的】

1. 让孩子通过艺术形式描绘自己心目中的画像。

2. 在语言描述中增加自我体验。

3. 讨论分享的过程中逐步探索自我、认识自我、接纳自我。

4. 增进亲子关系。

【游戏时间】 15分钟。

【游戏规则】 在白纸上画一幅"自画像"。

【游戏要求】 可以用任何形式来画自己：抽象的、具象的、写实的、动物的、植物的，什么都可以。总之把自己心目中的自己，用手中的魔法笔画出来即可。标题可有可无。画完之后，用任意一种表达方式向家人、朋友介绍一下自己。可以用童话的形式，可以把自己想象成任意故事里的主人公等。

【注意事项】 提醒孩子自画像不是绘画比赛，可以结合自身特点自由发挥，鼓励孩子积极动笔和踊跃表达。

【讨论交流】 家庭成员间按顺序分享"自画像"，简单说一说作画的意图。在交流的过程中，家庭成员彼此之间就画中不理解的元素、画中的特征等进行提问交流。

第二章

表达有逻辑,让孩子从『敢说』到『会说』

会表达的孩子有光芒

1
孩子是个"小话痨",滔滔不绝却找不到重点

小希妈妈:"每天晚上小希从准备睡觉到真正睡着,都需要很长时间,每天晚上孩子都要跟爷爷、奶奶、爸爸、妈妈每一人说一遍'晚安,做个好梦',然后躺下就开始'爸爸妈妈'叫个没完……"

小凯爸爸:"我儿子每天都有十万个为什么,从早上睁眼到晚上睡觉,从我们平日的话语中,到一天中发生的任何事情,都可以引起他的好奇心,他都能问各种问题,真的烦得不行,有时候问得我哑口无言了,我就偷偷地查百度………"

爸爸妈妈有没有同样的感受:身边的这个小天使突然有一天可以说好多词儿,会迅速地掌握并模仿大人说的话,你说的任何话题,他甚至能很快接下去,直到你已经口干舌燥,他还意犹未尽?

尤其是在语言敏感期的孩子,就仿佛是一个小话痨,小嘴巴里好像安装了一个小马达,精力充沛,一说起话就停不下来。

但很多时候，我们听了半天，也弄不清楚孩子究竟想表达什么。

这个时候有的家长就会很着急，没有足够的耐心听孩子说完，在孩子还没说完的时候，抢着孩子的话先说，打断孩子的话，先入为主地说："你是不是想说……"或者表现出不耐烦的状态，甚至是等不及孩子说完就直接打断孩子的话。

鹏飞临睡觉前，想起了今天在学校发生的一件事，想和妈妈说一说："妈妈，就是……就是……"妈妈望了望墙上指针已经指向10点的挂钟，着急地说："是什么是？讲了半天都没讲清楚，你看现在几点了？赶紧睡觉……"孩子刚想和家长说什么，就被无情地堵了回来。

教育家卢梭说过："要尊重儿童，不要急于对他作出或好或坏的评判。"

孩子能努力不怯场地表达出自己，不是很好的一件事情吗？

尽管每个人的内在思想是天马行空的，但当你与别人交流，向对方进行语言表达，传递语言含义的时候，如果说出的语言不符合逻辑，就会阻碍双方的沟通，甚至会贻笑大方。

现实生活中，有一部分孩子说出的话总是让人"丈二和尚摸不着头脑"，还有一部分孩子说话时总是语无伦次、毫无逻辑，这都是因为缺乏逻辑思维能力。

培养孩子逻辑表达能力，旨在培养孩子找到逻辑形式的规律，总结出正确的逻辑思维方式，有助于孩子运用语言准确地表达对客观事物的认识，传达给对方有效的信息。

然而，如果一个孩子说话重复啰唆，表达内容含糊不清、杂乱无章，说话没有重点，表达观点自相矛盾，内容没有说服力，思路混乱，那么表达一定会引起误解。

逻辑表达力弱具体有哪些表现呢？

一、表述不清晰

说话者自身的思路混乱，很难把心中的想法和感受完美地描述出来，听者需要根据说话者的描述，在头脑中重新构建一幅图像，说话者描述得越生动准确，听者在脑海中的图像就越清晰，如果你脑中的逻辑理不清，表达就会混乱，让人抓不住重点，对方是不会愿意听你说的。

小凡还有 2 个月就 6 岁了。眼看着要到了上学的年龄，可聪明可爱的小凡在语言表达上却还有些问题，一开口说话，很难让人听得懂。有时候是一些字音发不准确，有时说话快一些就上气不接下气，越着急越说不清楚。让他说话慢一点，他总是控制不住，呜里哇啦一堆，越听越糊涂。有时候小凡自己也越说越乱，急得直哭，别人也分不清他说的到底是什么。

小凡的妈妈找到我，特别着急地说："郑老师，我知道孩子同学的家长背地里议论，说我儿子可能是'大舌头'，还可能是智力低下，真的是这样吗？"

二、说话没有重点

很多孩子甚至是大人在沟通的过程当中，说话不仅没有重点而且缺乏连贯性，是一种"跳跃性思维"。表达一段内容，就如同画一棵大树一样，如果大树的主干不画出来，而是一味地描摹树枝，东边画一根树枝，西边画一根树枝，那么不知道这幅画最终要表达什么，突出什么。说话也是一样，每一次表达，脑海中就得有一个"树干"，并且围绕着这个重点来表达，否则就造成了说话没有重点、不知所云。

还有一类孩子，4~5岁，被称为"唠叨问题娃"，他们的杀伤力实在很强，每天异想天开的问题着实让爸爸妈妈们顶不住。他们的小嘴能从一睁眼就一直说个不停，一件喜欢的事，总是反反复复地说个没完没了，让家里的长辈面对这个"唠叨大神"都哭笑不得。

三、不恰当地转移话题

不恰当的转移话题，也是逻辑表达能力弱的常见表现。例如课堂上，老师和同学们都围绕着同一个话题"我眼中的中国传统节日"进行讨论，同学们就这个话题，从不同的角度纷纷发表了自己的观点。一名学生站起来发言时，并没有围绕本次的主题发言，而是突然变换了一个话题说道："放假时，我去旅行了。"这样的表述，明显和既定的主题不相符，这名学生完全没有顺着老师授课内容的逻辑线进行思考。

放任孩子的"表达欲",规范孩子的"表达力"

如果孩子有强烈的表达欲望,爸爸妈妈们就要接受孩子所有的表达需求,让他们畅所欲言地去表达;哪怕有一部分是不切实际的,只要孩子说出来,就证明孩子在表达的路上已经勇敢了一小步,战胜了内心的胆怯。

放任孩子"表达欲"的同时,家长需要有意识地规范孩子的"表达力"。因为逻辑思维能力一直是语言表达中一种重要的能力。它的本质就是在表达过程中,给你提供一种梳理问题、分析问题及解决问题的方法论。那么,要想让孩子当众说话的时候符合逻辑,需要具备哪些思维能力呢?

下面给家长介绍几种基本的能力,能够助力孩子的表达更具有逻辑性。

一、观察能力

观察是解决问题的关键和前提。有意识地培养孩子的观察能力,可以让孩子知道如何组织自己的语言,如何能够比较客观、明确地表达自己的观点。

如果一个孩子具有了观察能力，那么这个孩子说出的话，表达的内容会更具有说服力。

二、思考能力

很多家长在生活中会说这样一句话："这个小孩真会说话！""这个小孩不会说话。"当一个家长认为他的孩子不会说话时，其实要弄清楚：不是因为孩子不会说话，而是因为这个孩子说话时不懂得思考，所以在表达时就容易出现一些逻辑错误。试想一下，想都想不明白，自然就会说不明白。这样的表达会让听者感到不舒服。相反，如果这个孩子有很好的思考能力，那么他说出的话、想表达的内容思路就会格外清晰。

三、组织语言的能力

什么是组织语言的能力呢？

简单地说，就是孩子在每一次当众讲话前，要做到胸有成竹。在每一次演讲前或者演讲时，他的心里要明确：本次的当众演讲如何发生？如何发展？如何结束？父母要引导孩子掌握整个演讲的关键环节。

无论是大人还是小孩，语言组织能力体现的是一个人内在的思考和逻辑。想要让孩子表达得更清晰、有逻辑，就要多锻炼孩子的语言表达能力。比如，每天坚持课外阅读不少于30分钟。这样良好的学习习惯，不仅可以开阔孩子的视野、积累词汇，还能增强孩子的语言组织能力和逻辑思维能力。

四、准确表达的能力

准确表达的能力，是指用词准确，语意清楚，结构妥帖，语句简洁，能把客观概念表述得清晰、准确、连贯，没有语病的表达能力。

假如表达者不能清楚地说出自己想要说的话，对方就会犯迷糊，甚至在某些事情上，还会造成不可弥补的损失。

五、目的付诸语言的能力

目的付诸语言的能力，就是为自己的目的找到合适的语言或措辞。比如，周六想去亲子餐厅，很多孩子会这样和爸爸妈妈说："爸爸妈妈，你们这周六有时间吗？"若是爸爸妈妈肯定，那这种措辞自然没有问题，否则想得到肯定的回答可就难说了。

其实，只要换种说法，就能跨过这道障碍，达到表达的目的。孩子还可以这样说："那家有名的亲子餐厅，现在只能订到这周五或周六的位子，爸爸妈妈，你们这两天哪天有空带我去呢？"同样的邀请，这样的措辞就显得更有逻辑性，也更容易帮你邀约成功。

父母掌握这三招，带领孩子找到"表达路线图"

家长们可以留意一下孩子和我们自己，平时说话时是否存在主题不够明确的现象？是否经常语序颠倒？是否表达了很多内容却主次不分？如果有这种现象，就是缺乏表达的逻辑，缺少了"表达路线图"。父母掌握这三招，可以帮助孩子提升逻辑表达力，带领孩子找到"表达路线图"。

要做到有逻辑地表达，就要掌握"三明"。

一、明主旨——明确自己想说什么

任何一段表达前，我们都要明确自己想说什么，确定自己表达的主旨，让表达的话语符合逻辑，彰显语言魅力。

在班级"三好学生"的推荐会上，两位同学这样评价同学小墨：

小满说："我觉得小墨学习成绩好，处处为班级里其他同学着想，任何事情都以班级大局为重，值得奖励。我记得有一次，他为了帮我讲解一道数学题，耽误了他放学踢足球，为这事我还十分过意不去呢。"

小婷说:"我觉得小墨是一个品学兼优的好学生,他不但为同学着想,而且在学习方面也非常优异。因此,我觉得他应该获得这次'三好学生'的称号。"

同样是表达对小墨的赞美和肯定。小满的推荐词虽然具体,但是让别人听完之后,还需要在脑海中想一想,小满重点想表达的是什么?小墨同学哪些方面非常突出和优秀?

而小婷的推荐词,主旨就非常清晰明了,用了一个关联词语"不但……而且……"突出了小墨同学"品学兼优"的特点,让人一听就非常清晰明了,印象深刻。

二、明顺序——说话要言之有序

在每天的学习和生活中,孩子会遇到不同的人和事。假如说话的时候不能好好把握其中的逻辑顺序,就会让事情越来越复杂;假如我们能够帮助孩子把握好表达的逻辑顺序,那么就能让复杂的事情变得简单起来。那么,如何才能做到言之有序呢?

(一)按照"六要素"来说

在与别人沟通时,可以根据"时间、地点、人物、起因、经过、结果",即写文章的"六要素"的顺序来向别人进行语言叙述。"六要素"的顺序就是按照事情的发展顺序来说。若"六要素"运用恰当,即赋予话语逻辑性,对方就能够轻松理解。

(二)按照主次顺序来说

我们先来看关于一个问题的两种回答情况:

老师问:"你昨天的作业为什么没有完成?"

回答一:"这个作业太难了,很多地方我还没有理解,我想了很长时间,都没有解决这道题。而且昨天我帮妈妈做家务,实在太累了……"

回答二:"老师,我昨天写作业写得太晚了,最后还剩几题没有写完。不瞒您说,这个作业对我来说,实在是太难了,很多地方我都还没有明白,所以想今天向您当面请教。"

对比这两种回答方式,作为家长或者老师,更愿意接受哪一种表达方式呢?第一种回答中有抱怨情绪,第二种回答中情绪显得比较平和。根本原因是第一种表达中,回答者说话时没有分清主次,说话言之无序。

(三)叙述紧急事件时先说结果

当在叙述紧急事件时,就不能再按照"时间、地点、人物、起因、经过、结果"的"六要素"的顺序来说了,而是要先说结果,开门见山,让对方有一个清晰的认识和心理准备。

三、明内容——句子要完整

孩子在表达的过程中,说完整的句子是与他人沟通顺畅的关键,也是表达清晰的关键。如果句子的内容不完整,很容易使对方产生误会,这样不但浪费时间,更容易带来不必要的麻烦。

"那天我托付给你的事情,你完成了吗?"(×)

"上周五,你把《综合素质评价手册》交给老师了吗?"(√)

你看，第一句内容缺少，说得模棱两可，还需要别人思考很长时间。而第二句内容完整，问题指向性很明确，表达的意思也更清晰。

那么，如何才能使你的表达变得完整呢？

每句话表达的信息要完整，不可只说关键词。

逻辑表达的目的就是让对方充分理解你的意图，从而使沟通更加高效。爸爸妈妈们，如果我们可以帮助孩子掌握"明主旨、明顺序、明内容"这三招提升逻辑表达力，那么在任何场合，都可以使对方充分理解孩子想表达的意思。同时也需要注意，假如在表达的过程中出现用词不当，或表达的意思不明确时，也会使对方误解表达者的本意。因此，引导孩子，在说话时一定要避免出现这些错误。

"总分总"逻辑模板，你和孩子都要学习的表达万能模板

西方哲学家路德维希曾经说：“凡是可以想到的事情都是可以清楚思考的，凡是可以清楚思考的事情都是可以清楚表达的。”所以当你头脑乱如麻、不知道该如何表达的时候，如何迅速找到主线，有逻辑地表达呢？在众多逻辑结构的表达模板中，有没有哪一种方式是既好用又便捷，让孩子一学就会的呢？经过无数次课程和学习实践证明："总—分—总"逻辑模板，是爸爸妈妈和孩子都用起来方便快捷的表达万能模板。

"总分总"即：开头提出论点（总），中间若干分论点（分），结尾总括论点（总），而几个分论点之间可以是并列关系、递进关系。这不仅是一种表达的结构，也是一种写作中常用的叙事结构。

第一个"总"，即一个短小的开头，是下文分述内容的总说，一般用概括的语言表述。

中间的"分"，就是分说。分说有两种情况：一是并列式地分说；二是连贯式的分说。分说的几个片段之间，可用小标题表示，也可用空格显示。

第二个"总",即文章的结尾,又是总说,可以是呼应开头,也可以做总结性结尾。

在"超级表达星自信表达课"上,有一个专门的课程单元,训练"总分总"表达结构,如孩子们向别人介绍一种事物就可以用到,而且爸爸妈妈在工作中时,也可以用总分总的逻辑结构模板。

下面用"总分总"的逻辑结构模板介绍安徽电视台民生新闻《第一时间》。

首先,"总":

大家好,我给大家推荐下安徽经视的一档民生新闻节目《第一时间》。提到这档节目,我们会想到一句响亮的口号"紧随第一时间,生活天天新鲜。"没错!这档民生新闻具有新鲜、深度和温暖三个特点。

接下来,就是"分"的结构:

1. 新鲜。《第一时间》是一档全年365天,每天直播80分钟的新闻节目,开播21年以来,每天为观众准点推送最新鲜的新闻资讯。哪里有新闻,我们的记者就会随时到达,现场直播连线,把第一手的新闻抢先送达观众的眼前。

2. 深度。《第一时间》推出了一系列重磅调查稿件,深度挖掘社会现象背后原因。为百姓维权,是《第一时间》的使命。

3. 温暖。《第一时间》每年都会推出暖心的公益活动,比如:为农村孩子捐献图书的"映山红行动",帮助贫困学子圆梦大学的希望工程助学行动。暖心的新闻,让你感受到社会的真善美。

最后,进入"总"的结构:

新鲜、深度、温暖,《第一时间》已经陪伴安徽观众 21 年了,未来,我们讲好民生故事,服务热心观众,让大家始终紧随《第一时间》,生活天天新鲜!

总:一句话点出你要介绍的事物的特点。

分:用三点介绍事物的特点,并且利用例子支撑三个特点。

总:再次点出这个事物的三大特点,如果能再带上一些感情上的升华,收尾就会更加完美,打动人心了。

"总分总"的逻辑结构不仅可以用在与人沟通的口语表达上,还是写文章的一种方法。孩子们到小学三年级时,老师就会在课堂上讲解什么是"总分总"结构的文章。

老师布置了一篇作文,题目是《冬天》,二年级的晓楠同学是这样写的:

第一自然段"总":

我喜欢万物复苏的春天,生机勃勃的夏天,果实累累的秋天,更喜欢白雪皑皑的冬天。

中间"分"的部分这样写:

冬天像一个穿着雪白裙子的顽皮小仙女,美丽而又纯洁;冬天又像一个千变万化的魔术师,白雪就是它的道具,玩出那么多的花样;冬天是一个长胡子的圣诞老人,和善而友好,给我们带来无穷的快乐;冬天还是一个无人能比的举重冠军,它竟然能托起那么厚、那么重的雪。

最后"总"体抒发:

冰清玉洁的冬天，我爱你，爱你的洁白，快乐，美丽！

　　这就是典型的"总分总"结构。
　　"总分总"逻辑结构模板还可以有很多的逻辑变化。
　　基础版："总分总"，即先总述，再分说，后总结。
　　简单版："先分后总"结构，即先分说，再总结。"先总后分"结构，即先总述，再分说。
　　针对低年级和幼儿园的孩子，爸爸妈妈们可以从简单版本带孩子练习起来，熟练后再运用到"基础版"。
　　"总分总"万能逻辑模板，爸爸妈妈和孩子们掌握了吗？如果能够熟练地操作起来，不仅可以快速提高语言表达的逻辑思维，对于写作水平的提高也有很大帮助哦！

看到—想到—说到,让孩子边看动画片, 边学会逻辑表达

动画片陪伴孩子们成长,给孩子们带来了很多快乐,让孩子们的童年生活更加丰富多彩。尤其小学阶段的孩子,由于年龄偏小,专注力不够,所以注意力很容易分散。但是,他们对颜色鲜艳、生动活泼的动画片却表现出强烈的兴趣,因为这些动画片能给他们一种简明直观的视听感受。动画片中拟人化的逻辑思维、人物形象以及表现出的价值观、故事情节情景等,都非常符合这个阶段孩子的心理和生理发育特点,所以,动画片更容易吸引他们的注意力,激发他们的模仿和表达欲望。

既然每个孩子的童年都离不开动画片,那么,为什么不巧妙地运用动画片来增强孩子的表达能力呢?看到这里,有爸爸妈妈疑惑:"看动画片怎么学习表达力?"其实也不难,只要遵循"看到—想到—说到"这条学习路线,爸爸妈妈们就可以帮助孩子在看动画片的同时,轻松地学会逻辑表达。

什么是"看到—想到—说到"呢?

以经典的国产动画片《西游记》为例进行说明。《西游记》不仅是爸爸妈妈们小时候百看不厌的动画片，也是现在孩子们喜闻乐见的收视必追。

今年6岁的主主看了动画片《西游记》里"三打白骨精"的桥段，主主妈妈问主主："这一集里西游记又讲了什么故事？"

主主刚开始说得特别简单："他们碰到妖怪，孙悟空很厉害，把妖怪打死了。"孩子一开始这样回答，是因为她仅仅把留在眼前的内容，即"看到"的内容简单地说了，而没有真正地在脑海中思考故事情节。

要想把"看到"的内容"说到"，这中间必须有一个"想到"即思考的过程。

于是，主主妈妈开始引导提问："宝贝，回忆一下你刚才看到的，想一想：这一集的妖怪长什么样子？他做了什么坏事呢？孙悟空打妖怪时的动作是什么样子的？说了哪些话？有什么表情吗？你可以当小老师，告诉妈妈，这一集故事具体的经过吗？"听妈妈这么问，主主才意识到今天看动画片时，只是简简单单地看了一遍，并没有仔细地看，也没有带着问题和思考去看。看妈妈这么认真地跟她请教，第二天，主主再看动画片时，就看得很仔细，当她给妈妈复述故事的时候，妈妈收获了惊喜，主主讲得不仅清楚而且很有逻辑。

有的爸爸妈妈看到这里，可能会说："我家孩子会看动画片，可是不会说啊，这可怎么办？"如果经过你引导之后，孩子还是说不出来，或者说得干巴巴的，可以试试以下的方法：

一、进入动画场景，营造表达氛围

儿童时期，孩子们的模仿能力是特别强的，尤其是模仿动画片里的人物形象，甚至孩子们的意识里会主动把自己与动画片里的人物画等号，把自己想象成那个动画人物。无论是在家里还是在语文课堂上，家长和老师都可以借助孩子爱模仿的心理特征，挖掘动画片中一些有利于提高孩子语言表达的动画场景，为孩子营造表达的氛围。

具体怎么操作呢？

动画中的每一个人物形象都是经过"儿童化"了的角色，因此，里面出现的可爱小动物、人物形象之间的对话，以及他们交流表达时的神态、语言等，都能刺激孩子表达的欲望，家长和老师可以充分利用动画片里的人物台词进行动画人物肢体动作的模仿，或者进行动画人物语言模仿秀等活动。这些富含精彩语言表达的动画片，孩子们不仅喜欢看，同时还能在这些场景中学会肢体和语言表达方法。因此，带领孩子进入动画场景，营造语言表达氛围，是提高孩子语言表达能力的一个有效途径。

如果你是一位教师，可以将动画资源和学生生活联系在一起，在班级中开展"快乐一家"的主题班会。教师可以在班会课开始，选取动画片《大头儿子和小头爸爸》中的一个片段作为课堂导入，这个导入片段，一定是有片中精彩的、丰富的对话情景。因为"大头儿子"和学生的年龄接近，说话的语气、语调也基本相似，角色语言与学生的认知发展水平是相当的。学生看着《大头儿子和小头爸爸》中的情景，会对动画片中角色表达出的语言、动作对号入座，感同身受，就好像自己的生活被动画片中的角色演绎出来一样。看过动画片之后，学生自然会联想到自己生活中发生的故事，在这样的氛围和契机下，教师引导学生分享自己"快乐一家"的故事就会容易得多。设计这样的主题班会，通过学生分享自己家中的快乐趣事，就可以达到提高学生的语言表达能力的教学目标。

二、巧用动画表演，提高表达积累

快乐的亲子时光中，进行动画人物表演，不失为一个既锻炼口才，又增进亲子关系的好方法。在进行动画表演的过程中，家长可以有意识地进行动作示范、语言示范、表达示范。抓住动画片是先制作动画，然后后期配音的特点，引导孩子"语言配动作"。通过几次这样有趣的练习，可以让孩子不断积累自己的词汇，从而提高语言表达能力。

动画片《西游记》深受孩子们的喜欢，孙悟空和猪八戒的人物形象深入人心。父母在家里和孩子，或者老师在语文课堂上，可以将"大闹天宫""真假美猴王""猪八戒吃西瓜"等经典片段演绎出来。首先准备好金箍棒、紧箍咒、西瓜等行头、道具，接着让孩子观看完动画片段，然后模仿动画片里的情节进行表演。家长或老师可以在一边解说剧情、指导表演。通过让孩子们模仿动画情节表演和学习角色生动有趣的对话，能进一步提高孩子的语言表达能力。一次次的对话、一场场的示范表演，在潜移默化中，在不断地重复中，孩子就能将动画人物的语言内化为自己的语言储备，为"脱口而出""出口成章"的表达积累丰富的词汇，孩子的语言水平和语言表达能力就能得到有效的锻炼和提高。

三、客观分析动画，提高表达运用

任何学习都是为了在生活中运用，"话语权"的培养从小时候就要开始。培养孩子表达能力，除了可以在看过动画片的基础之上练习复述表达，还可以引导他们："如果你遇到类似动画片里的情景，你会怎么做？"鼓励孩子勇敢地表达出自己的见解，达到从看动画片表达迁移到生活表达，从而提高孩子语言运用能力。

小学语文课本里每个单元都有口语交际练习，家长或老师可以组织一场"你喜欢的动漫人物分享会"，遵循"看到—想到—说到"这条学习路线。一个孩子说他喜欢的人物是灰太狼，因为灰太狼每一次在动画片结尾时都会说一句："我还会再回来的……"接着绘声绘色地分析"灰太狼"这个人物可爱之处、讨厌之处等。看到灰太狼的图片，想到灰太狼的经典台词，说到人物形象分析，孩子以自己喜欢的动画人物为切入口，进行一场思想和语言的碰撞。在活动的过程中，孩子收获的是快速提高自己的语言表达和思维能力。

再比如：一年级下册口语交际中"请你帮个忙"。这个活动，主要是通过实践学习，在交流过程中让孩子学会说话、学会倾听别人的话，懂得在实际生活中"如何请人帮忙"，能把内容说清楚，说话的语气语调要热情和亲切，聆听要认真和礼貌。家长和老师可以创设《小马过河》的动画故事情景，提示孩子观看时注意这些问题："小马在去往磨坊的路上遇到了什么困难？""小马是怎么解决这些困难的呢？""它向谁请教了？"学生的注意力就会被吸引到动画片中来，在视听中找到了答案，懂得了小马是如何请"别人"帮忙的。接着，让孩子模仿表达，假设自己遇到困难，需要同学、老师帮忙，同桌之间进行练习怎么去解决困难，怎么去向同学表达……孩子在愉快的学习中，懂得当自己遇到困难时如何得到别人的帮忙；当别人遇到困难时，也应该及时帮助别人解决困难。

孩子的童真难能可贵。只要我们做家长做老师的抓住孩子的心理、生理发展特点，保护好他们对新鲜事物的好奇心，利用好孩子喜欢的动画资源，及时引导教育他们，创设、利用、挖掘生动有趣的动画情景，将"看到—想到—说到"这条学习路线运用于学习与生活中，培养和调动孩子的学习兴趣，就能不断提高孩子的语言表达能力。

总结与反思，和孩子一起来做表达力的复盘游戏

孩子无论现在是在学校，还是在以后的学习和工作中，都需要与别人沟通，因为人与人之间的沟通无处不在，但很多沟通都是无效的或效果不理想。在这个竞争激烈的社会，如何有效沟通、有逻辑地说话显得非常重要。下面就给大家分享三个既能提高逻辑表达力，又简单易操作的提高表达力的亲子小游戏。

游戏一：绘制思维导图

平时多阅读一些抽象思维的书籍也是提升逻辑表达力的一种好方法。不同年龄段的孩子可以选择不同程度培养抽象思维、逻辑思维的书籍。6岁以下的学龄前儿童适合阅读逻辑绘本，如《屁屁侦探系列》《迷宫大侦探皮埃尔》等。6~10岁的孩子，可以在绘本基础之上阅读推理分析的书籍，例如《真相只有一个》《口袋神探》等。高年级以及初中、高中生，可以循序渐进地阅读哲学著作，因为这类书籍要求孩子运用抽象思维、逻辑思维去思考。

由于抽象思维类型的书籍比较难理解，因此家长可以和孩子

在阅读后，一起进行思维导图评比的比赛游戏。

游戏规则：慢读、精读一本书，必要时及时复习阅读过的章节。阅读过程中可以根据书籍线索或逻辑绘制思维导图（年纪小的孩子可以口述，由家长绘制思维导图），也可以重新整理自己的思路，加入自己对书本内容的理解，有逻辑地阅读。要求一边阅读，一边在大脑中勾勒出作品的大框架，再绘制出思维导图。比一比谁画的思维导图逻辑更清晰，条理更分明。

游戏二：来一场辩论赛

"万物皆可辩"，周末在家里来一场辩论赛，不仅是亲子关系的黏合剂，还会碰撞出无限的思维火花。参加辩论赛，对于锻炼逻辑思维、提升逻辑表达是极其有效的方式。

游戏规则：准备好孩子感兴趣的话题，或者生活中的某个事件。指导孩子辩论赛前充分查找资料。赛前准备就是一个梳理自己辩论内容的逻辑和组织语言的过程。接着，准备好辩论赛所需用到的道具——摆好对立的两张桌子、制作好正反双方的席卡，设立辩论会主席等。营造辩论赛场的仪式感和气氛，因为在辩论时的紧迫感和压力感可以提升孩子的大脑反应速度。

游戏三：水果切切乐——另一个角度看世界

游戏道具：生活中的水果。

找到苹果里的"五角星"或者西瓜的10种不同的切法。

切水果的方式可以培养孩子逻辑思维能力，即培养孩子追求多角度思维。对于任何事物，你要尽可能地运用两个或两个以上的角度来观察分析，并且能够区分不同角度之间的优势与劣势，这样你就能够更好地认识事物的多面性，也能够避免自己因为单一思维而造成的偏见和局限。

最后，你要知道，没有人一生下来就能有逻辑地说话，它需要你不断地练习和积累经验。

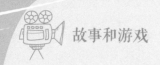
故事和游戏

我最爱的动画片

动画片是孩子们最喜欢的节目。可以在班级里开展一场《我最喜爱的动画片》分享活动。每位同学限时3分钟,分享自己最喜欢的动画片,并且说出三点最喜欢的理由。用三点方式限制,目标是培养孩子表达的条理性。在家里,父母和孩子也可以开展这个游戏。下面是二年级的小清的分享:《我最喜欢的动画片》。

我喜欢的动画是《哆啦Ａ梦》,原因有以下三点:

首先,哆啦Ａ梦有许多好朋友。有大雄、胖虎、小夫、静香。他们每一个人都个性鲜明,例如大雄不爱学习,胖虎很强壮,小天很瘦小,静香爱学习等。这些动画片里的人物就和我们班的同学差不多。

其次,我最喜欢的人物是哆啦Ａ梦。不仅因为他长得特别可爱,它有圆圆的脑袋,全身蓝白相间,一双黑黑的大眼睛,鼻子又圆又红,就像一个樱桃,鼻子的两边有长长的胡须,它的嘴巴大大的,笑起来整齐的牙齿就露出来了;还因为哆啦Ａ梦有一个神奇的袋子,别看袋子小巧玲珑,但是里面可以装很多东西,每当大雄有困难的时候,哆啦Ａ梦都可以及时帮助大雄化解。

最后,《哆啦Ａ梦》这部动画片的故事情节十分有意思。有一集中,哆啦Ａ梦和大雄正在看漫画,突然有一只老鼠出现了,把哆啦Ａ梦吓得躲在自己的房间里。大雄说:"哆啦Ａ梦你赶紧出来。"无所不能的哆啦Ａ梦说:"你把老鼠赶走了,我就出来。"

最后大雄趁机抓到了老鼠,把老鼠给丢到了窗外。原来,哆啦A梦的胆子这么小啊!看完这集动画片,让我知道了:我们每个人都有自己害怕的东西。这就是我喜欢的动画片《哆啦A梦》,推荐大家观看哦!

第三章

表达有动作，让孩子成为舞台的焦点

会表达的孩子有光芒

1
善于表达，不仅仅是会说话

很多孩子在演讲前都会在家长和老师的指导下认真准备演讲稿，在正式演讲时甚至能做到完全脱稿，可是一站在舞台上两只手就不知道该往哪里放，全程低着头把内容背诵完，而且越低头越紧张，演讲的语速也越来越快。

刚升入初一的晓航是个品学兼优的男孩，小学六年几乎不让老师和父母操心学习。进入新的学校，新的班级，晓航准备了一段诗朗诵《少年中国说》，他特别想给老师和同学们留下一个好印象。这篇《少年中国说》晓航早已烂熟于心，可是当晓航站在新教室的讲台上，右手拿起话筒的那一刻，他完全不知道自己该站在讲台什么位置，不知道左手该放在哪里，大脑一片空白。原本熟悉的诗朗诵也没有演绎出该有的气势和状态，连最基本的语气、语调的停顿和抑扬顿挫，也是磕磕绊绊地完成。这样的结果让晓航非常丧气。

因此，每一次演讲前，不能只是坐着干巴巴地背稿子，而是但凡有条件就要上台走位演练，甚至利用肢体语言去加强某句话的力量感。另外，在准备稿子的时候就要注意停顿、断句和情感起伏，所有的动作、语调等都需要提前设计好，然后引导听众代入。其实有特色的肢体语言设计也是记忆文稿的一种方式。如果仅仅是背稿子，上台后，像晓航这样的紧张和不知所措会让你大脑一片空白。

此外，在孩子当众讲话或者演讲前，一定要指导和训练孩子：演讲时不能低头，人一旦低头就会显得没有自信。演讲时，眼神或者视线要与听众接触，否则就难以吸引听众的注意。善于表达，不仅仅靠会说话，还要有挺拔的站姿、放松的表情、恰当的手势、坚定的眼神、得体的动作配合、流畅的表达和稳定的情绪，这才是一段精彩的演讲。本章将从以上几个方面分别解读如何让孩子成为舞台的焦点。

挺拔站姿，我们一起"天天向上"

在演讲过程中，除了演讲的内容，从准备登台开始，演讲者站、坐、走的姿势都会影响听众对演讲者的评价。在演讲过程中常用的重要姿势就是站姿。演讲时，如果站立的姿势是挺拔向上的，就会给听众积极乐观的感觉；演讲时若是耷拉着脑袋的，则会给听众萎靡颓废、一蹶不振的印象。

如何让孩子挺拔站姿，"天天向上"呢？

一、了解演讲者站在舞台上的站姿要求

如果是朗诵站位，相对比较固定，没有很多的站位变化。如果是演讲站位，要比朗诵更自然、更松弛，可以随着讲稿的内容而变化站位。纵观电视节目里的演讲和朗诵，或者市级、区级的德育文化艺术节等，一般情况下，演讲者站在舞台上，面前是不会放桌子的，会有一个手持话筒或者立体话筒杆对着演讲者。如果演讲台上是立体话筒杆，演讲者一上台，就可以站在台前正中的话筒前。此时，脚跟应靠近，腿站直，显得挺拔精神。站立时

不必像体育课"立正"般僵直,而且切忌双脚分立,双脚分立会显得形象粗俗松垮。站好以后一直到演讲结束,都不可以脚尖点地,脚跟颠颤,这是年纪较小的同学经常出现的问题。

演讲者在舞台上的站姿要求可以用一句话概括:稳定扎根可移动。即在演讲过程中,演讲者站在台上,要像青松一样挺立着,不能掉肩斜背。可以一脚稍前,一脚稍后,或呈稍息式,但是绝不可扭曲着身子,或过分侧向一方,以斜背对着听众,这样会给听众造成演讲者没有照顾到他们的感受。站立时两脚不可靠得太拢,也不宜跨得太开,演讲中应有所变换,有时候可以稍微向左、右、前、后做些动作。

演讲站姿要求梳理见下表。

脚跟靠近、腿站直	√	体育课"立正"	×
像青松般挺立	√	双脚分立	×
一脚稍前、一脚稍后	√	脚尖点地、脚跟颠颤	×
稍息式	√	扭曲着身子	×
面向全体听众	√	两脚靠得太拢	×

二、演讲站立的姿势要领

(一)站要直

站在台上时要保持两肩相平,上身和两脚与地面要基本垂直。

(二)立要稳

演讲者的重心应放在自己脚上,而不应该依靠讲台之类的支撑物。

要保持稳固地站立，通常有两种方法：

一种是两脚并立，分开 20 厘米左右，这种姿势一般用在短篇演讲和比赛演讲中；另一种是一脚稍前、一脚稍后，重心主要在后脚上，也就是介于立正和稍息之间的姿势。相比之下，第二种方法好处要多些，它可以用两脚进行调剂，以减轻疲劳，长篇演讲者一般都采用这种站姿。

三、演讲中常用的正确站姿

（一）前进式

双脚一前一后，成 45 度左右，脚跟相距约 15 厘米。这种姿势重心没有固定，可以随着上身前倾与后移的变化而分别定在前脚跟与后脚上，不会因时间长而身体无变化，上身可前可后，可左可右，还可转动。前进式的站姿可以解放演讲者的双手，演讲过程中手势动作可以灵活多变，做出不同的姿势，随着演讲表达出不同的感情。

（二）稍息式

顾名思义，稍息式即一脚自然站立，另一只脚向前迈出半步，两脚跟之间相距约 12 厘米，两脚之间形成 75 度夹角。这种姿势由于站立形象比较单一，重心总是在后脚上，一般适用于长时间站立演讲。这种站姿在演讲中可以短期更换姿势，让自己的身体在短时间里松弛片刻，得到休息。稍息式站姿一般不长时间单独使用，容易给听众一种不严肃的感受。

（三）自然式

两脚自然分开，两脚的距离与肩同宽，约 20 厘米，肩膀放平。

这样的演讲站姿给听众的感受相对轻松、自然。

演讲站姿总的要求是：自然、大方、不拘谨、不呆板，身子要正，无论动与不动，都应当像一尊优美的雕像，体现出一种体态美。高尔基赞扬列宁的演说时说："他站在讲台上的整个形象，简直就像一件古典艺术作品，什么都有，然而没有丝毫多余，没有任何装饰。"

希望我们每一个登台演讲的孩子都是一件精美的古典艺术作品！

丰富表情，让孩子的表达力倍增的秘密

古今中外的优秀演讲家们，大多重视表情的运用。可别小看了眼睛、眉毛、嘴巴和头相互配合的动作，表情的运用可以传达丰富的情感，从而深深地感染台下的听众。作为青少年，在演讲时需要什么样的表情呢？先来看看下面两位同学的亲身经历：

案例1：丽丽是一名五年级的小学生，在国庆朗诵比赛上，她深情地朗诵爱国诗《红旗颂》。比赛前，妈妈再三叮嘱丽丽："在舞台上朗诵，一定要面带微笑。"因此丽丽在整个朗诵的过程中，一直保持露出8颗牙齿的微笑。结果朗诵比赛的分数不是很高。殊不知朗诵时，需要根据朗诵作品的内容，采用不同的表情辅助表达诗歌内含的情感，一味地微笑并没有体现出这首爱国诗的情感。

案例2：小松今年作为中考艺术考生，报考了播音主持专业。在参加完中考文化课笔试后，他紧接着就参加播音主持面

试环节。面试内容分为三个部分：自我介绍、新闻播报评论和才艺展示。妈妈很着急地找到"超级表达星"，想让老师们给小松进行面试前的辅导。小松的普通话很标准，在舞台上也比较自信，唯独在表达的过程中，面部表情比较呆板，给人一种特别严肃和精气神不足的感受。超级表达星的老师们，从脸部的表情、眉目的表情和口唇的表情三个方面给予小松非常细致的表情指导。

在演讲时需要什么样的表情呢？答案是：演讲时的表情，一定要与表达的内容相契合，即丰富且恰当的表情。

怎样培养一个孩子在演讲时具有丰富且恰当的表情呢？试一试以下四步法：

第一步：稳定情绪

每一个上台演讲的大人和孩子，在初登舞台时，如果没有经过刻意练习，难免都会紧张。紧张、喜悦、焦虑等情绪会毫无保留地表露在脸上，这是很难由本人的意愿来控制的。郑老师教给小朋友一个小妙招：缓慢讲话。采取缓慢讲话的方式，让自己的语速尽量放缓一些，边思考边表达，这样可以让演讲者的情绪稳定下来，脸部表情也得以放松，给人一种泰然自若的感觉。

演讲的内容即使再精彩，如果表情缺乏自信，演讲就失去了应有的风采。

第二步：表情自然

演讲时面部的表情是通过面部的变化、面部肌肉的动作及所形成的纹路来表现情感的。演讲时，面部表情要完全服从于演讲词的需要，是"自然而然"的，演讲时的表情也是从生活中来的。人们在正常情况下，脸色是正常的，激动时脸部就会变红；平常人的面部肌肉是松弛的，激动时面部就会绷紧；当人们心情愁苦时，脸色往往阴沉、无光；当心情愉快时，脸部会红光满面；而当心情愤怒时，脸色会变得铁青或者暗红，面部肌肉也会紧张得发生向上或向下的变化。台上的表情可以比生活中稍为夸张些，但不宜过分夸张，否则会给别人做作的感受。尤其不能为了表演而演讲，因"演"而"讲"会显得特别"虚假"，从而引起哄笑。

第三步：眉目传意

人们常常用"眉清目秀"这个词语形容人的容貌清秀不俗气。无论是在生活中，还是在演讲里，"眉"通过形状变化传递情绪，"目"通过光泽变化来传递感情。演讲时，如果演讲内容是轻松愉悦的，演讲者眉毛可以舒展开；如果演讲内容是紧张痛苦的，眉毛就可以紧皱。随着内容的不同，眉梢可以上挑或下垂，方能表示出不同的感情。目光可以暗淡，也可以锐利如电，用来表示不同的感情。愤怒时两眼圆睁，双眉竖起；思考时眼眸凝视，眉头微皱。

因此，演讲中，眉目传情达意的作用是相当大的。富有经验的演讲者，总是充分利用自己的眉目变化，来表现丰富的思想情感。

第四步：口唇变化

演讲中，口唇的变化又可以表达什么样的含义呢？演讲中可以用口唇不同的形状表现不同的情意。一般来说，口角向上，表示高兴愉快；口角向下时，则有多种情况。大多数情况下，如果嘴唇紧闭，则表示不满或不悦；如果嘴唇微闭，则表示骄傲或厌恶；如果嘴唇微开，则表示悲哀或痛苦；如果嘴唇大张，则表示惊愕诧异。孩子在演讲中需要停顿时，往往可以闭上嘴巴。引导孩子用口唇不同形状的变化来表情达意，并在演讲中有效熟练地运用。

小小演说家们，请对照着"四步法"练习起来吧，丰富的演讲表情，让我们的表达力倍增哦！

打开手势,即刻提升孩子的表达气场

手势的运用场合有很多。在日常的实际运用中,手势包括握手、拱手、招手、挥手、摆手、摇手、伸出手臂或手指等动作。通过这些手势动作表达出各种各样的情绪和含义。

鼓掌:表示兴奋。

摆手:表示制止或否定。

双手外推:表示拒绝。

双手外摊:表示无可奈何。

双手举过头顶:表示暴怒。

双手往上伸直:表示激动。

双手枕在头下:表示舒展。

一、常见的错误手势

很多大人和孩子都有这样的经历,当你走上一个大舞台,聚光灯打开,台下有很多听众的时候,你突然会觉得完全不知道双手该往哪里放了。以下几种手势是我们经常在演讲或当众说话时看到的手势：

（一）双手插口袋

演讲时双手插口袋，感觉的确挺炫酷的，但是这样的动作，把演讲者与听众的距离感也拉开了，这并不利于培养演讲者和听众之间的亲和力。

（二）双手抱在胸前

当演讲时双手抱在胸前的时候，有一种本能的自我防御感，仿佛演讲者要拒听众于千里之外。

（三）站军姿

大多数小朋友在初登台的时候，不知道手该往哪里放，都会选择双手完全和身体放笔直，甚至还有的把手紧紧贴着裤子不挪开的，好像站军姿一样。演讲中这种动作僵硬的手势状态，不仅不自然，还会让听众感受到你的紧张状态。

二、手势的含义

不要小瞧了手势在演讲中的作用，不同的手势，可以表达不同的含义。

（一）双手打开，手心向上

演讲时把手心朝上展现在听众的面前，可以给听众一种积极向上、友好的感受。

（二）双手打开，手心向下

当演讲者把手掌朝下的时候，这种手势更多的是表达一种权威感。

（三）禁忌手势

在这里要特别提醒，有一种手势是万万不能有的，就是拿手指指向你的听众，这种方式充满了挑衅的意味，也极其不礼貌。

三、正确的手势

那么正确的手势应该是什么样的呢？应该怎么做才能让听众感觉最舒服呢？首先要知道男生和女生的演讲手势是有区别的。

（一）男生演讲手势：金字塔手势

作为一名演讲者，在舞台上的时候，有一种方式是最能够彰显自信的，我们称之为金字塔手势。这是什么意思呢？把双手放在自己的小腹前，将双手变成类似金字塔的形状。实践证明，这种手势对于男生来说代表着阳光和自信。

（二）女生演讲手势：搭掌心手势

很多女生，在当众说话的时候，喜欢把双手贴合，手心朝里"贴肚子"。这种感觉的确非常端庄大方，但是更像一位空姐。事实上这种手势是过于拘谨的。对女生而言，其实有一个非常简单而省事的方法，就是把一只手轻轻搭放在另外一只手的掌心上，这种手势不仅端庄得体，同时也很放松。

四、手势的范围

在说话或演讲时，我们的手究竟应该放在身体的哪个部位呢？事实上放在不同的位置所代表的信号也是不同的，根据表达的需要可以把手放在三个不同区域：

（一）权威区

双手越过肩部以上，多用于表达积极、自信，具有动力、情绪感等内容，在演讲、辩论中应用较多。格力的董事长董明珠在演讲时，手势多放在权威区。

（二）能量区

双手在肩部至腰部之间，多用于一般性的叙述事物和说明事理，表现坦诚、平静、和气等中性意义，这是最常用的区域。

（三）下沉区

双手放在腰部以下，多表示憎恶、不悦、不屑、不齿、排斥、否定、压抑等。

如果在演讲中手势使用准确，就可以从头到尾吸引听众的注意力；倘若演讲中手势使用不恰当，尤其是孩子在舞台上演讲时错误地使用手势，就容易引起听众的反感，达不到良好的表达效果。如何努力培养孩子在演讲时的手势做到准确、自然、优雅而不生硬呢？告诉孩子：不要为了做动作而做动作，演讲时的动作必须一切从实际出发，配合演讲的内容和情感，让手势动作恰当而简洁，方显感情真挚。

闪亮眼神,让孩子的眼睛"会说话"

这一节的内容,不仅适用于孩子,也使用于爸爸妈妈哦!

一、眼神:运用眼神说话,增强你的吸引力

眼神又称目光语,演讲中,运用眼睛的神态和神采来表达感情,传递无声的信息语言。如果说表情是"心灵的镜子",那么眼睛就是"心灵的窗户"了。俗话说:"眼睛会说话,眉毛会唱歌。"在演讲力的体态语言中,眼睛最能倾诉感情、沟通心灵。

曾国藩在《冰鉴》中说道:"一身精神,具乎两目。"眼睛具有反映深层心理的特殊功能。为什么眼睛具有这项特殊的功能呢?从生理科学分析,眼神实际上是指瞳孔的变化行为。瞳孔是受中枢神经控制的,它如实地显示着大脑正在进行的一切活动。瞳孔放大,传达正面信息(如爱、喜欢、兴奋、愉快);瞳孔缩小,则传达负面信息(如消沉、戒备、厌烦、愤怒)。人的喜怒哀乐、爱憎好恶等思想情绪的存在和变化,都能从眼睛这个神秘的器官中显示出来。因此,眼神与谈话之间有一种同步效应,它忠实地显示着话语的真正含义。

很多人在与别人的沟通中不懂得眼神的价值，以至于在某些时候感到眼睛成了累赘。有的在交谈中，旁若无人，目光到处乱扫；有的总习惯于低着头看地板或盯着对方的脚；有的看天花板；有的看桌上的摆设；有的就"顾左右而言他"，给人的印象是故意避开别人的视线，等等。这都是很不利于交谈和发挥口才的，这是胆怯、心虚的一种表现，它会使说话的效果大为减弱。你需要了解这一点：在人与人的沟通中，人们常常更愿意相信眼睛。而在谈话中不愿进行目光接触的人，往往给对方一种觉得你在企图什么、掩饰什么或心中隐藏着什么事；表达交流中眼神闪烁不定的人，给对方的感觉是得精神上不稳定或性格上不诚实；如果在表达交流中几乎不看对方，那是怯懦和缺乏自信心的表现。这些都会妨碍交谈的顺利进行。现实中，很多人在当众说话时，因为紧张，他们的眼神往往是左看看、右看看、眨眼睛、眼神游离。

如果只是偶尔注视对方，这也是不适宜的。因为人们每天都是用目光默默无声地互通信息，目光在面对面的沟通交流中起着重大的作用，它决定着你能否有效地与对方交流。一个不能运用目光沟通的人不会是个高效的交流者。

错误的眼神会在无意当中表明你有怯场的态度和表情，不但使人感到尴尬，而且会使人对你的话产生怀疑，因为你的表情说明你并没有自信心。常见的错误眼神有以下几种：

1. 左右张望；

2. 频繁眨眼睛；

3. 眼神游离。

在说话过程中,说话人如果能恰当地运用眼神,可大大增强有声语言的表达效果。在平日与人交往中,说话人如果用眼神和对方保持联系,眼睛流露出热情、真诚的神色,就会使对方感到你对他的欢迎和尊重,认为你是可信赖的人。

二、当众说话时眼睛究竟应该看哪里呢?眼神接触

眼神永远不要离开听众,只有眼神与听众进行交流了,你说的话才能够深入到他们内心。

演讲者的眼神要能"拢"住全体听众,既不瞪天看地,也不盯住台下某一隅,而是自然地平直向前看,目光到达最后一排听众为止。而且演讲者要照顾到台下两边的听众,以加强演讲者和听众的感情交流。

正确使用眼神小妙招

妙招一:捉目光

交流时善于捕捉对方的目光。与对方交谈时要善于倾听他的弦外之音,善于从对方的眼神中看出他的期待和需求,及时给予积极的反馈。

妙招二:找部位

交流时寻找眼神凝视的部位。与人交谈时应正面凝视对方的眼睛及面部,目光宜柔和,可在交谈过程中不时地稍微移动一

下目光，但移动次数同样不宜过多。这里也需要提醒大家：凝视时间不宜过长，不能总是盯着对方。英国人体语言学家莫里斯说："眼对眼的凝视只发生于强烈的爱或恨之时，因为大多数人在一般场合中都不习惯于被人直视。"长时间的凝视有一种蔑视和威慑的功能，有经验的警察、法官常常利用这种手段来迫使罪犯坦白。因此，在一般社交场合不宜使用长时间凝视。研究表明：交谈时，目光接触对方脸部的时间宜占全部谈话时间的30%~60%，超过60%的阈限，可认为谈话者对对方本人比对谈话内容更感兴趣，低于30%的阈限，则表示对谈话内容和对方都不怎么感兴趣。这两种在一般情况下都认为是失礼的行为。无论是孩子还是大人，在当众讲话时，必须持续不断地将目光投向听众，或平视，或扫视，或点视，或虚视，才能跟听众建立持续不断的联系，以收到更好的表达效果。

妙招三：保正视

交流时视线要与对方保持相应的高度。对话过程中要尽量使自己的目光和对方正视，这样显得更有礼貌、更加诚恳，从而引起对方的好感。

当你处于站立的状态，你的交流对象是坐着的时候，你和对方交流时，应该稍微弯下身子，以求拉平视线；如果你在和小孩沟通时，则应该蹲下来，让自己的视线和小孩的眼睛一样高。

怎样让你的眼神接触有亲和力，又自然又生动呢？我们可以采用45度环视法。

演讲者站在舞台上，以正前方观众为基准线，眼神分别向左45度和向右45度进行环视。这样，演讲者的眼神可以与台下所有听众对视，让听众感觉到被关注、有交流。

人的眼部表情丰富多样，在人际交往中，对于传情达意有十分重要的作用，眼睛通常能够传达出人们内心真正的想法。家长要有意识地训练孩子通过眼神与同学、老师和长辈沟通。在与别人交谈时，适当注视对方，适时给予他人真诚的微笑，让别人感受到这个孩子的礼貌、热情和友好，可以起到感染对方的作用；同时，也能表现出这个孩子内在的修养。如果不是特别严肃的演讲内容，请给听众真诚的微笑，运用45度环视法，将会大大增强孩子表达的亲和力。

打开动作,让孩子成为舞台上的那颗星

演讲时的动作除手势以外,还有不可忽略的肢体语言。善用肢体语言可以充分地表达和传递演讲者的感情。

一、什么是肢体语言呢?

肢体语言又称身体语言,是指通过身体各部分能为人所见的活动来进行表达和交流,也可称之为体态语或无声语言。

二、肢体语言包括哪些方面呢?

肢体语言主要包括手势、眼神、动作及姿态等,是有声语言的重要辅助手段和补充。一个孩子在当众表达过程中,通过肢体语言的运用及有声语言的有机结合,如果能达到"眉来眼去传情意,举手投足皆语言"的境地,那么离成为表达的高手就不远了。

三、肢体语言的含义

肢体语言的运用是一项重要技巧,因此有必要掌握肢体语言的特征和象征意义,以便在与人的交流中能够更好地运用。除了手势,其他肢体动作也能表达情绪和含义。

顿足：表示生气。

垂头：表示沮丧。

捶胸：表示痛苦。

摇头或摇颈：表示困惑。

搓手、拽衣领：表示紧张。

拍头：表示自责。

耸肩：表示不以为然或无可奈何。

一只手托着下巴：表示疑惑。

颔首、双手放在胸前：表示害羞。

头部动作虽然简单，但运用得当也能传递一定的信息。如点头表示肯定、赞许；摇头代表否定或拒绝；歪头表示怀疑、深思或撒娇。

另外需要注意的是，脚除了在表达强烈的感情时可以做出跺脚的动作，一般不宜有其他动作，否则易给人不稳重或不耐烦的感觉。

四、有声语言与肢体语言

有声语言的主要作用是传递信息，而肢体语言则通常被用来进行人与人之间思想的沟通和谈判。在某些情况下，肢体语言甚至可以取代话语的位置，发挥传递信息的作用。

一个有趣的实验发现：一个人要向外界传达完整的信息，他的有声语言成分只占17%，声调占38%，而剩下45%的信息都是通过肢体语言来传达的。

这个实验表明，无论是孩子在学校和同学、老师交流，还是孩子的爸爸妈妈在单位和同事、领导交流，都可能出现两种现象：

第一，45%的交流是非语言性肢体表达的。

第二，非语言性肢体表达所传递的影响力远远超过语言表达传递的影响力。

美国作家威廉·丹福思曾有这样一段描述："当我经过一个昂首、收下腭、放平肩膀、收腹的人面前时，他对于我来说是一个激励，我也会不由自主地站直。"这段话说出了身体语言对别人会产生微妙的影响。即便在你沉默不语的时刻，你的姿态、神情已经在无声地告诉别人你是谁，并且在一定程度上决定了别人将如何对待你。

肢体语言有着特别神奇的作用，肢体语言可以塑造一个人的形象，也可以破坏一个人的形象，特别是公众形象。古今中外，很多成功的人物在当众演讲中，对肢体语言运用得驾轻就熟，无须多说，用肢体语言就传递了信息。来看几个例子吧：

经典案例一：法国总理戴高乐在发表演讲时总是耸起肩，做出要抓住天空的手势，用来有效地煽动人们的情绪。

经典案例二：英国首相丘吉尔有一个经典手势——"V"形手势。在当选首相的时候、在发表演说的时候、在盟军登陆诺曼底的时候、在法西斯土崩瓦解的时候，他总是喜欢伸出食指和中指，做出一个豪迈的"V"形手势。现在"V"形手势已成为世界通用的手势。正如他的夫人克莱门蒂娜于1953年12月10日代丘吉尔领取诺贝尔文学奖时所说："在黑暗的年代里，他的言语以及与之相应的行动，唤起了世界各地千百万人们心中的信念和希望。"

从上面的案例中可以看出：通过身体语言的合理运用、因势利导，能够更好地影响和带动他人。一个孩子也好，成人也罢，在和别人交流交往的过程中，如果你想增强个人气场，提高口才能力，关键就取决于你能不能运用恰当、自信的肢体语言，包括恰当的站姿、坐姿、体态、表情等。

身体是无声的语言，别人对你的印象，从你登上舞台的那一刻、在你准备开口说话之前就已经产生了。绝大多数优秀的表达者对身体语言的把控都来自后天的训练。训练肢体语言，意味着矫正一种散漫的坏习惯，养成一种得体的好习惯。对于处在习惯养成期的孩子以及追求成功的成人来说，学会运用肢体语言塑造自己的形象是很重要的。

当众演讲的错误身体姿势：

1. 身体摇晃。（不稳重）
2. 双脚并拢。（显拘谨）

当众演讲的正确站姿：两腿直立，两脚略微分离，比肩略窄。

五、正确演讲的姿势

（一）稳定扎根可移动

稳定：想象自己好像大树一样能够在舞台上扎根，只有你站得稳，站得牢，这样给人的感觉才是可靠的。

可移动：在舞台上时，不能一动也不动，可以小范围内踱步。

踱步需遵循两条原则

第一：匀速原则。

无论你走得多快，走多远，记住眼神始终不要离开听众。

第二：不给听众后脑勺原则。

永远不要后脑勺对听众（尤其在PPT演讲时）。45度角侧身面对听众。

（二）打开双肩双臂，气场自然而来

所有的姿态都一定要从实际出发，要做到有感而发，准确、自然、优雅而不生硬，使动作恰当而简明地说明问题，表达感情。

小彩蛋：身体的接触

生活中，校园里，我们随处可见孩子们手拉手奔跑或者好朋友挽着胳膊搂着肩。孩子们在不经意间，通过与他人的身体接触来实现沟通。在人际交往中，这也是一种沟通方式。恰当地运用身体触摸，可以更好地拉近与对方的距离。比如可以用与对方握手、拍拍对方的肩膀、给对方一个拥抱等方式来表达友好、鼓励、安慰等情感。不过，在使用身体触摸方式时必须考虑双方的年龄、级别、性别、场合等因素，不可随心所欲、任意妄为，以免引起不必要的误会。

 **故事和游戏**

一起来做表达"能量操"

在家里设置一个稍微高一点的地方,面对手机镜头或者镜子,自信满满地练习能量操。

各位好,我是……,我善于当众讲话,我善于与人沟通。

只要我站在这里,脚下就是我的舞台,眼前就是我的听众,嘴里说的都是智慧。

只要我开始当众讲话,我就善于使用眼神。

只要我开始当众讲话,我就善于肢体表达。

未来让我们好好说话,向外学习,向内自律,向下扎根,向上发展!

第四章

表达有节奏,让孩子说出动听普通话

会表达的孩子有光芒

无论是当众演讲还是在生活中与人交谈，节奏是语言表达的技巧。节奏这个词，我们一般用在音乐上，但是讲话同样也有节奏。节奏是由什么构成的呢？节奏是由强调、重复、停顿构成的。歌曲的副歌部分一般要唱好几遍，这就是重复和强调，然后还得有停顿。音乐是这样，表达也是这样。

停顿不同，说话时重音落的位置不同，产生的意思也不同。

1. 我要炒白菜。

我要炒白菜。（重读"要"字，表示我"将要"做一件事——炒白菜。）

我要炒白菜。（重读"炒白菜"字，表示我"要"做炒白菜这道菜。）

2. 他的故事讲不完。（重读"故事"两个字，表示他讲的是故事；重读"他"则表示关于是他的故事，而不是别人的故事）

同样的一段相声，请名家来表演，百听不厌，有意思，这就是因为名家掌握了语言表达节奏的技巧，而一般的人来说可能就索然无味。同样的文字内容，差别就在于节奏感和语气的把握。

1 "机关枪"与"大舌头"

文文今年 8 岁,上小学二年级,每次课堂上老师请她发言时,明明理解了问题的意思,知道老师提出的问题答案,但一说话她就像打机关枪,只听见叽里呱啦,语速之快、气息之急,常常让老师和同学听不清她在说什么。老师和父母都为文文着急。

孩子刚开始学说话的时候,一般不大能发出准确的词句。可是当他们一点一点地长大,他们说的话会变得越来越清晰,越来越流利,在大约 3 岁的时候就可以说出比较长的句子了。不过儿童语言的发育也存在着极大的个体差异,这就造成了很多家长看到别的宝宝都已经开始讲话了,而自己家的宝宝却"金口难开",就非常着急、非常无奈。有的家长甚至会带孩子去医院做检查,结果折腾一圈下来,大人孩子都累瘫了也没查出什么问题。这个时候,有些家长就纳闷儿了:我家的孩子发育很正常,智力也正常,为什么表达能力就这么差呢?

其实每个孩子天生都潜藏着无法估量的语言天赋。作为父母的我们，要重点关注和干预的是这些天赋是否被开发，能够开发多少，这些都在于后天的教育和培养。从某种意义上来说，孩子能否拥有良好的表达能力，最终还要看家长是怎么做的。看到这里，有的家长会想：听你这么一说，我瞬间感觉到压力特别的大，我真的很想让我的孩子拥有良好的表达能力，可是我不知道到底应该怎么做。不要着急，下面我们一同来分析，影响孩子表达能力的关键因素，弄明白了这些，家长就明白该从哪些方面着手帮助孩子了。

第一外因：家长的养育方式

家长朋友，看看下面这两种情况，在你家有吗？

情况一：如今很多家庭都格外宠爱孩子，孩子给家长一个眼神，家长就立刻明白了孩子的需求。大多数情况下，孩子基本用不着开口说话，家长就心领神会，替孩子把事情办好了。在这样的养育方式下，家长无意间就剥夺了孩子锻炼表达能力的机会，而家长还不知道自己的这种做法让孩子根本没有机会去锻炼他的表达能力。

情况二：家长给小孩喝水或者喝饮料的时候，不是用吸管就是用勺子；怕食物过硬，孩子不好消化，总是把食物做得很烂很软。这样的做法就导致了有的孩子不会咀嚼，吃到硬一点的食物就会吐出来。这样的养育方式，真如老话说的："含在嘴里怕化了，捧在手上怕摔了。"那这样做最终会产生什么样的后果？这么做最直接的结果就是孩子的咬肌得不到锻炼。咬肌得不到锻炼和说话有关系吗？当然有关系。人类说话发音是一种动作，从大脑下达指令到呼吸系统提供动力，再到口腔、鼻腔相关部位的肌肉运动。同时，学习说话的过程还需要听觉系统的配合、校准。一个音区别于另一个音，主要的就是舌、颚、咽、齿等部位的动作不同。

以上的两种养育方式，尤其是第二种极大可能会导致孩子出现"机关枪"或者"大舌头"的情况。那么，"机关枪"与"大舌头"是怎么形成的呢？从人的生理角度和汉语特点来说，在汉语当中每一个字都是一个音节，音节可以由单个发音的动作也可以由多个发音动作连贯起来完成，而一个发音动作就是一个因素，因素是语音中最基本的组成部分，几乎每一种语言都有几十个基本动作。这就对发音动作的精准性要求特别高，如果相关的肌肉力量和协调性不足的话，就可能造成发音不准确。

说完了家长的抚养方式不当造成了孩子说话吐字不清后，再看看第二个外部因素。

第二外因：家庭语言环境对孩子带来的影响

家庭是孩子的第一语言课堂，什么样的家庭语言环境往往就会造成什么样的孩子。怎么理解呢？孩子从出生到长大，语言的学习，主要靠的就是模仿大人。如果孩子身边的大人说一口方言，那孩子必定也会说同样语调的方言。如果家长性格比较内向，平日里不善于和孩子交流，甚至也不善于和周围人交流的话，孩子也极大可能受到家长影响，变得沉默寡言。相反，如果家长有良好的表达能力并且能在潜移默化中给孩子正向的熏陶，孩子在家长的影响下就有可能积极地、主动地与他人交流，从而慢慢地锻炼出良好的表达能力。所以，我们在培养孩子表达能力之前，一定要为孩子创造出一个良好的语言环境，鼓励孩子多听、多说、多看，多接触新鲜的事物，丰富孩子的语境和词汇，从而提高孩子的语言表达能力。

在家长给孩子做示范或者日常交流时，家长需要格外注意自己说话的语速，要尽量做到吐字清晰，语速放缓，越是和年龄小的孩子交流时，越要有意识地放慢自己说话的语速，让孩子能够正确地判断声音的来源。有的家长说话语速快，孩子跟不上家长的思维，也会出现语言方面的问题。

以上两种影响孩子说话的因素都是来自家庭，还有一个方面的影响，往往容易被家长忽视。

第三外因：幼儿园的语言环境给孩子表达带来的影响

孩子到了3岁以后就要从家庭的小范围逐步开始和外界沟通与交往，上托班的孩子则是更早地接触到家庭以外的集体社交场所。此时，对孩子而言，幼儿园就是他的第二语言课堂，对于长托的孩子来说，甚至可以上升为第一课堂。在幼儿园中，老师将会代替家长的职责，通过游戏、比赛、活动的方法，充分调动孩子的发言积极性，对他们进行必要的口语训练。在此期间，孩子的语言天赋不断地被挖掘出来，他们在天性的驱使下慢慢打开心扉，不管一开始说得如何，都乐于去尝试，久而久之，表达能力都能得到提升。

抚养方式、家庭语言环境、幼儿园环境，这些都属于影响孩子表达的外部因素，除了这些外部因素，还有内部因素。

那内部因素是什么呢？就是孩子自身的性格。

性格和口才有着密切的关系。开朗活泼的孩子往往会很自信，侃侃而谈，具有很强的表达能力。

一些内向的孩子往往沉默寡言，他们听得多、说得少，表现欲不强，总是不肯抓住表现自己的机会，甚至在成长的过程中，一次又一次错过锻炼自己的机会。这样的恶性循环，久而久之就会对孩子的表达能力造成负面影响。

孩子说话慢和吐字不清的原因就是这几点吗？当然不止这些，例如：孩子词汇量积累得少，不能把自己的感受转化成语言；对于来自外界的评价过于敏感，害怕受到嘲笑或者批评；孩子说的话没有得到回应。每个孩子不愿意当众发言或者说话快、吐字不清的原因都不完全相同，作为家长和老师，我们需要用心去观察，找到适合这个孩子的解决方法，这样一来就能让孩子的表达能力更进一步，慢慢解决口齿不清、表达不畅的问题。

探明了原因，接下来我们讨论一下如何解决孩子口齿不清、表达不畅的问题，我总结归纳了"四多"法。

一是多鼓励。

孩子如果在表达方面的能力比较弱，本身就怕出错，也容易出错，这时，来自最亲近的爸爸、妈妈的鼓励尤为重要，鼓励他不着急，鼓励他再说一遍，一起帮孩子改善存在的问题，让他们学会正常表达。此时需要注意，如果是因为孩子的听觉系统发展不良引起的口齿不清、表达不畅，那么单纯的口腔肌肉锻炼就起不到多大作用了，家长要带着孩子寻找专业的医务人员帮助。

二是多沟通。

家长平时要多注意给孩子进行语言方面的练习,多和孩子说话,多给孩子讲故事或儿歌,平时多注意引导孩子说出自己的需求,这样孩子说话就慢慢地清楚很多。

三是多交往。

家长除了自己与孩子多交流、多沟通,还要经常带孩子到户外和同龄的小朋友玩耍,让孩子多接触小朋友,为孩子创造一些有利于语言发育的社会交往环境。抓住孩子语言的发展关键期,多对他们进行语言上的训练,让他们可以健康快乐地成长。

四是多耐心。

要想解决孩子口齿不清和语速过快的问题,最重要的是家长要有足够的耐心。遇到孩子发音不准时,不要立刻打断孩子说话,一定要等孩子把这句话说完之后,家长再纠正孩子的发音,重复正确的发音,千万不要在孩子说错了某个字音或者出现表达不畅的情况时,急于打断和纠正。等孩子成功地说出每一个字时,要给予充分的鼓励,让孩子在快乐的情绪中学习语言。

我们在生活中有很多不当的言论都是当着孩子面说的,如:"这个小孩儿真会说话,真是天生的好口才,再看看我们家的孩子,让他在大家面前说句话,吭哧吭哧半天说不出来。"这种负面的评价真的非常伤孩子的自尊心与自信心。这个世界上,哪里有天生的好口才?表达能力的好与坏,从来都不是靠天赋的,而是靠后天锻炼出来的。

各位家长一定要清楚一点:每个孩子在学习说话的时候都是

一样的，都要经历说话初期口齿不清的时候，这是每个孩子必须经历的过程。这是很正常的事情，家长们千万不要过分着急和在意。如果想让你的孩子说话妙语连珠，拥有别人羡慕的好口才，那么从此刻按照科学的方法行动起来吧。

2 练好气息,说好普通话的小秘密

很多人有这样的体会:长时间说话,嗓子会又干又哑,特别难受。这是因为发声的部位不对。很多人说话用的是嗓子,这其实是一种错误的发音方法。好的表达能力,不但要说话清晰,还要有让人一听就喜欢的音色。那么听众都喜欢什么样的声音呢?首先,发音要准确,声音也要柔和悦耳。模糊不清的声音,很难得到听众的喜欢。有的人天生声音甜美,有的人天生声音沙哑,吐字不清,虽然说天生的发音器官不会轻易改变,但是经过后天的训练,完全可以让孩子的声音和吐字情况有所改善。

"善歌者,必先调其气",这是我国传统声乐理论中对歌唱呼吸的精辟论述。无论是歌唱家还是演讲者都强调"气为声之本,气乃音之帅"。这句话非常精准地说明了气息与说话之间的关系。如果声音是大树,气息就是树根,这足以见得练好气息对我们的声音有多重要。要想让孩子说好普通话,首先要进行科学的气息练习,如果没有气息,声带就不能颤动发声。呼出的气息是人体发声的动力，孩子说话时，声音的强弱、高低、长短、大小及共鸣状况，与呼出气息的速度、流量、压力大小都有直接关系。为什么有的人说话好听、音声悦耳动听，有的人说出的话声音嘶哑甚至是让别人不愿意多听呢？这是因为说话时，声音的气流变化关系到声音的响亮度、清晰度、音色的优美圆润、嗓音的持久性。换句话说，要想在说话或者唱歌时，能够自如地控制自己的声音，首先要学会控制气息。只有气息得到控制，才能控制声音。因此，在很多播音专业的院校里，专门有一门课来教授学生学习发声控制。而在发声控制训练中，气息控制训练是学习发声中最重要的也是最根本的一环，也是让孩子说话更有温度、更好听的小秘密。

既然气息这么重要，有没有可以每天量化练习气息的招式呢？每天要练习多久？下面我们一起带孩子玩几个有趣的练声游戏，赶紧试试吧。

游戏一：小肚子垫书——胸腹式联合呼吸法

科学发声的第一步——会呼吸。

说到呼吸，人人都会。但是你知道吗，我们需要用气息来发声。作为老师，每天要给学生上很多节课，面对一个班级的孩子，老师的声音要保证全班同学都能听见并且听清楚，大声说话是必不可少的，有时候一天课上完，嗓子就哑了。作为主持人的金老师，在工作和生活中，也有很多人会咨询他："主持人每天要说很多话，你们用嗓多但是嗓子却不累的秘诀究竟是什么呢？"无论是老师还是主持人，用嗓多但是嗓子却不累的秘诀就是正确的呼吸——胸腹式联合呼吸法。

胸腹式联合呼吸法是怎样的感觉呢？当你呼吸时，你会发现小腹是一凸一凹上下有规律运动的，这是横膈膜上下运动造成的。吸气时，横膈膜下降要占据空间，压迫小腹，所以推动了腹部肌肉向外鼓出；呼气时，腹部肌肉往回收缩。这么形容，有些人可能觉得这个呼吸法太专业了，学不会；其实，我们每个人小时候都会这种呼吸法，只是随着年龄的增长，慢慢忘记了。为什么这么说呢？我们可以观察一下身边的小宝宝，当他们熟睡时，是不是胸部放松，腹部一起一伏呢？没错，小宝宝们使用的就是胸腹式联合呼吸法，所以你会发现小宝宝的哭声特别有穿透力，而且哭完之后，也没发现小宝宝的嗓子会哑，因为小宝宝使用的是胸腹式联合呼吸法来发声，声音的着力点在小腹丹田，而并非嗓子。

怎么样又快又准地学会胸腹式联合呼吸法呢？

如果你是一个气息发声的初学者，你可能很难找到这个感觉，后来我发现了一个特别管用又快速的方法——肚子垫书法。你可以找一块瑜伽垫，或者直接躺在床上，全身放松，在肚子的小腹位置放一本厚点的书，然后体会深吸一口气，书向上起，呼出一口气，书向下落的感觉。这是最简单也是最直观的胸腹式联合呼吸法。

游戏二：气球放气法

气球是每个孩子都爱不释手的玩具。如果我们让孩子自己变成小气球呢？一定很好玩。首先和孩子一起，用胸腹式联合呼吸法，把气息吸到丹田，此时，小肚子微微隆起，再把自己的小肚子想象成一个大气球，吸满之后，让气息保持3秒，然后像气球漏气一样，让气息从你的大门牙缝中匀速向外送出，"嘶……"用手机计时器看一看，当你吸满气之后，可以匀速放气多长时间。通过练习气球放气法,每天三次,你会发现坚持的时间越来越长。家长也可以和孩子现场大比拼哦!

游戏三:摩托车起动法

摩托车起动,大家都有印象吗?现在想象一下嘴巴就是摩托车的排气管,我们要玩一个小时候做鬼脸时经常做的动作,就是上下有节奏地颤动喷唇,还可以把喷唇加上音调……你看看自己可以坚持多久,坚持的时间越长,就说明自己的气息量越大。没有声音的喷唇配合音调喷唇,每天各做一次。

游戏四:数枣法

有一个经典的绕口令——《数枣》。练习好这段绕口令,不仅可以让孩子在班级元旦晚会上有一个保留节目,还可以进行气息练习,因为这段绕口令有三次吸气的机会。《数枣》的内容是这样的:

出东门,过大桥,大桥底下一树枣。

拿着杆子去打枣,青的多,红的少。

一个枣两个枣三个枣四个枣五个枣六个枣七个枣八个枣九个枣十个枣九个枣八个枣七个枣六个枣五个枣四个枣三个枣两个枣一个枣。

练习的过程中,你会发现,第一次做这种绕口令的孩子,可能数着数着就卡住了,但是别着急,循序渐进,一定可以一气呵成。数枣练习,请你每天和孩子一起坚持练习一次。

有的家长问了,当孩子练习好了气息,会对声音产生怎样的变化呢?

除了在之前说到的练习气息的好处，我先带你在身体里找到一个立竿见影的变化。我们来试着用丹田发出"嘿哈"两个字，当你气息畅通时，发出的声音雄浑、有力、高亢甚至是震耳欲聋，而如果是用嗓子发声的话，就会明显感觉到气息是虚弱的，声音小或者是扯着嗓子喊出来的。用胸腹式联合呼吸法吸气，再用丹田发音之后，声音底气十足。保持好这种感觉，你会发现你的声音从内到外会产生蜕变。需要强调的是，孩子练习气息，美化声音，不像妈妈们化妆，当下化妆即可变美，练声美化声音的过程更像是减肥健身，需要坚持不间断。这里介绍的几个有趣的小游戏，你如果能够陪着孩子一起坚持练习半个月，就会明显感受到自己和孩子声音的变化。

语言有韵律，孩子的表达更动听

语言是有节奏的，人们说话声音的高低、长短、强弱都有自己的节奏。尤其是我们的中国话，无论是古代汉语中的平仄还是现代汉语中的平上去入，在抑扬顿挫间赋予了音节优美的旋律，读起来会产生美的感受。鲁迅在他的早期学术著作《汉文学史纲要》中第一次提出了"汉字三美"的观点——形美以感目、音美以感耳、意美以感心。由于汉语的字音具有强烈的音乐美，所以古往今来，无论是文人墨客进行诗文创作，还是普通人家父母给孩子起名，不仅会注意内含意蕴的美好与吉祥，而且还要求读（听）起来声调和谐、字音响亮。

这么美的语言文字，孩子朗读的时候怎样才能读出韵律美，更加悦耳动听呢？

现实生活中，一个孩子能够抑扬顿挫地朗诵，不仅可以在课堂发言和朗诵课文中收获老师和同学的赞许与表扬，也能够在班级或者学校文艺晚会中，占有一席之地，甚至有机会担任活动主持人的重要角色。一个孩子拥有声情并茂的朗诵能力，能够把文学作品中的优美音韵通过自己的声音朗读出来，这不仅仅是一项重要的技能，更是提升孩子自信心以及活动能力的重要法宝。

2021年7月1日的天安门广场，在建党一百周年的大会上，有四位优秀的领诵员引起了大家的关注，他们字正腔圆的诵读，让大家赞叹不已，其中被评为"最美领诵员"和"中国传媒大学校花"的冯琳，便是其中之一。2022年她又凭借优异的成绩被保研到了大名鼎鼎的复旦大学。翻看冯琳的成长经历，这个"别人家的孩子"也是在一次又一次的活动主持中锻炼了能力和自信，并且冯琳的父母很注重孩子的兴趣培养，让冯琳可以在自己擅长的方面不断寻找乐趣与激发潜力。

朗读，虽然入门简单，但是提升却不容易。我在和学生以及家长的交流中，常常发现有这样的问题：

"我从小普通话发音就不标准，该怎么改？"

"老师，我怎么读不出感情？"

"老师，我的语音语调要怎么纠正？"

要想让孩子朗读有韵律，可以尝试利用以下技巧进行练习：

一、停顿技巧

停顿，一般指说话中话语的短暂停歇，或声音的断和连。在朗诵中的停顿包括四种停顿方式：标点符号停顿、句子结构停顿、文章逻辑停顿、情感表达停顿。

朗诵名家张家声先生在朗诵时就善于运用大量的、较长时间的停顿，他在朗诵《琵琶行》时，近9分钟的朗诵中，共有4次长时间的停顿，每次停顿时间都在7秒以上，最长的一次停顿达到20秒，可是这种停顿并没有给人不舒服的感觉，反而让人觉得这种停顿是声断而情不断，听众的情感紧随着朗诵者的情感走，情感被这种富于变化的节奏感深深吸引，这充分地展现出了表演艺术家的自信和从容。孩子要想做到这份从容自信，首先在朗诵初期，就要对作品内涵充分了解，在找准基调、情感、重音的情况下，反复吟咏，逐渐进入佳境。

（一）标点符号停顿

标点符号是书面语言的停顿符号，也是朗读作品时语言停顿的重要依据。文中有标点符号的地方，一般在朗读时要进行停顿；如果停顿不当，就会破坏句子的结构，这就叫读破句。不同的标点符号，停顿的时间也是不一样的。常用的标点符号停顿的时间由短到长分别是：顿号、逗号、分号、省略号。标点符号的停顿规律一般是：句号、问号、感叹号、省略号的停顿略长于分号、破折号、连接号；分号、破折号、连接号的停顿时间又长于逗号、冒号；逗号、冒号的停顿时间又长于顿号、间隔号。

另外，在作品的段落之间，停顿的时间要比一般的句号时间长些。以上停顿，也不是绝对的，有时为表达感情的需要，在没有标点的地方也可以停顿，在有标点的地方也可以不停顿。

（二）句子结构停顿

由句子的语法结构造成停顿。

例如：在一些介词前面或后面、方位词后面、动词后面、一些连词前面或后面需要停顿。例如文本中有这几个词，后面需要停顿：因为、如果、和。

(三）文章逻辑停顿

根据文章内容逻辑的停顿，一般较短，大致相当于顿号的停顿时长。如在一些表示强调性的词语后面停顿，在文中表示并列式的词语间停顿，或者在文中表示前后呼应性的内容中停顿。

文章中遇到表示领属关系的词语时，尾词停顿，例如，是、想、要、有、像、如等词语的后面都要停顿。

（四）情感表达停顿

情感表达停顿也称心理停顿，是由朗读者在朗读时揣摩文章作者的写作情感而决定的。情感表达的停顿可以在朗诵中达到非常好的效果，如同此时无声胜有声，此时的停顿有"虽无言，却有情；虽无声，却意无穷"的意味。

例如，朗读席慕蓉的散文诗《初相遇》：

"美丽的梦／和美丽的诗一样，都是可遇／而不可求的，常常在／最没能料到的时刻里／出现……"

朗读中，除了停顿，还要注意有的词语和句子，需要连贯朗诵，不能一味地停顿。这样的朗诵，可以让朗读者的思想情感一直处于积极的运动状态。在文章中意思延续或激情澎湃的地方，必须一气呵成，这就需要用语流连贯的表达技巧。

例如，舒婷《祖国啊，我亲爱的祖国》这首现代诗中有这样的句子，就需要连贯朗读：

"你以伤痕累累的乳房喂养了迷惘的我、～深思的我、～沸腾的我……"（用～表示连贯朗读）

二、重音技巧

重音的技巧有很多,在非播音主持的学生朗诵时,基本掌握"低中见高法"和"快中显慢法"两种重音朗读技巧就可以了。

"低中见高法"就是在朗读时,把文章中需要强调的地方,需要强调的字词读得声音重一些,响亮一些。这是最常见的重音朗读方法。

"快中显慢法",指的是在朗读的过程中,把文章中的个别字词的读音有意地拉长,形成拖腔,把这个字词故意读得慢一些。

三、节奏技巧

在语文课上,老师都会教孩子一些朗诵的技巧,其中,"读出节奏"不仅仅是对孩子朗诵古诗文的基本要求,也是朗诵现代文的基本技能。那什么是节奏呢?节奏就是在朗诵者思想感情起伏的支配下,呈现出的抑扬顿挫、轻重缓急的语音形式。

对于刚刚学习朗诵的孩子,要从节奏的基本要领学起,即:"句首不同起,句尾不同落,句腰不同峰。"

"句首不同起",是说句子的开头要用不同的感情来读出文章的情节。

"句尾不同落",说明句尾也是如此,每次的声音起伏要不同,句子的抑扬顿挫、高低起伏间有感情融入。

"句腰不同峰",是指在朗诵过程中声音运用的不同,可以在朗读时读出文本传递的感情,同时也要在朗读中融入自己的表情。这里有一种方法,是老师在课堂上经常带着孩子训练的朗读技巧,即想象法。孩子在朗诵文本的时候,把朗读的每一句话,在脑海中加入自己的想象，不同的句子在脑海中会浮现出不同的景象，有高低变化、急缓变化。"不同峰"指的就是声音感情和高低的变化要不同，主要体现情绪的变化是否丰沛，是否有读出文章独特之处。这也是朗读比赛中的亮点。

学习了以上的朗诵技巧，我们可以让孩子在学习中用这样的方法练习朗诵现代文和古诗文。

进行现代文朗读时，要在不断的诵读中方能体现现代文的神韵，现代诗歌更是如此。一般来说，朗读现代诗歌要具备一些表演性，只有投入真情，反复吟咏，方能读出诗歌的感染力，用诗歌特有的魅力打动听众。

古诗文朗诵是现在国家和学校特别提倡的。

古诗文是中华民族灿烂悠久的文化，不仅是孩子语文学习的重要方面，更是注入我们血液里的精神力量。学会古诗文的朗诵，不仅可以轻松地在文艺晚会上展示才华，获得自信，更是一种文化自信的体现。

古诗文朗诵中把握节奏的技巧有两点：

（一）了解诗文的思想内容，准确把握诗歌的情感基调

古诗文的情感基调主要有欢快、忧愁、寂寞、伤感、恬淡、闲适、激愤、思念、激昂、消沉、婉约、清新、明丽、豪迈、豪放、奔放、刚劲、低沉、幽怨、哀伤、凄凉、缠绵、积极、消极、朴素、忧国忧民、送别、思乡、相思离别等。

读忧国忧民类诗文：朗读中表达强烈的爱国之情，或对劳动人民的深切同情，对统治者的担忧、不满。（如陆游、杜甫、辛弃疾、文天祥等人的作品）

读送别类诗文：朗读中诉说友情，表达依依不舍的思念之情和对友人的劝慰、祝愿。（如李白、王勃等人的作品）

读相思离别类诗文：朗读中抒发一种相思、离别之苦。（如温庭筠、李商隐、李清照等人的作品）

读思乡类诗文：朗读中抒发自己在他乡的孤独、寂寞、凄凉，对家乡、亲人的思念之情。（如马致远、崔颢、苏轼等人的作品）

（二）了解古诗文有大致固定的停顿节奏

朗诵古诗词，需要注意押韵、平仄、抑扬顿挫的节奏感。

家里有上学孩子的家长都知道，现在全国上下，所有孩子用的语文教材都是教育部编的语文教材书（也是目前全国通用语文教材书），其中三年级上册有三首七言绝句，朗读时都可以采用"223"或者"2212"的节奏朗诵。

望天门山

唐 李白

天门 / 中断 / 楚江开，

碧水 / 东流 / 至此回，

两岸 / 青山 / 相对出，

孤帆 / 一片 / 日边来。

饮湖上初晴后雨

宋 苏轼

水光／潋滟／晴／方好，
山色／空蒙／雨／亦奇。
欲把／西湖／比／西子，
淡妆／浓抹／总／相宜。

望洞庭

唐 刘禹锡

湖光／秋月／两／相和，
潭面／无风／镜／未磨。
遥望／洞庭／山水翠，
白银／盘里／一／青螺。

　　七言绝句《金缕衣》整首诗歌节奏规整，朗诵起来相对容易，每行诗句朗诵时都可以处理为两处停顿，但也可随着感情处理为后面的一处停顿。念到"莫惜""惜取""堪折""无花"时语调可以适当延长，略带吟诵的味道，听起来会更有韵律美和节奏感。诗歌寓意人们不要贪图荣华富贵，而应爱惜少年时光，就像那盛开的鲜花，要及时采摘，如果采摘不及时，等到春残花落之时，就只能折取花枝了。

金缕衣

唐 无名氏

劝君／莫惜／金缕衣，

劝君／惜取／少年时，

花开／堪折／直须折，

莫待／无花／空折枝。

亲爱的爸爸妈妈们，今晚的诗歌朗诵会，你们准备好了吗？

做好口部操，电视主播吐字清晰又瘦脸的小秘密

播音员、主持人说话时的声音都是非常干净、明亮、清晰的，那么，他们是怎么做到的呢？原来播音员、主持人每天都会练习口部操。

什么是口部操？口部操是一种以唇舌力量的训练为主的口部训练，是学习播音主持非常重要的一个练习步骤。每一位主持人在张嘴发音之前都必须先做口部操。常做口部操，可以让唇舌得到充分的放松和锻炼，可以有效地加强唇舌力量，提高唇舌灵活度。学会口部操，不仅可以使每一个发出的词语更加饱满圆润，发出的声音干净明亮，还有利于塑造脸形哦。

我们用几种游戏的方式，轻松学会口部操。

游戏一：找宝宝

练好唇舌力量两步走：

第一步：唇部运动"找宝宝"。

1.宝宝噘嘴生气（10组）：双唇紧闭，用力向前噘，再将噘

出去的嘴用力往后拉。交替重复，1~2分钟。

2. 上下左右找宝宝（10组）：双唇紧闭，噘起后，依次向上下左右活动。交替重复，1~2分钟。

3. 围着圈圈找宝宝(顺时针逆时针各10次)：双唇紧闭,噘起后,依次向左、右各旋转360度。交替重复，1~2分钟。

第二步：舌部运动"哄宝宝"。

1. 送宝宝一个棒棒糖：双唇紧闭，用舌尖交替抵住左右脸颊，持续1~2分钟。舌头抵住脸颊，好像一个鼓鼓的棒棒糖。

2. 带着宝宝转圈圈：双唇紧闭，用舌尖交替抵住左右脸颊，再将舌头在唇齿间环绕数次。

游戏二：骑摩托

用嘴巴骑摩托，什么意思呢？

上嘴唇、下嘴唇一起震动，一口气进行。先深吸一口气，再慢慢出气，带动双唇颤动。最开始练习的时候，嘴唇会有麻麻的感觉，这都是正常的情况。

"骑摩托"有两种练习方法：

第一种是不用声带的"抖唇练习"，发"tu"音。

把双唇闭合，气息吹动双唇而发出类似"tu"的双唇抖动的声音。它的功能类似于练气息的发"s"声练习，但功效更明显，趣味性更强。

第二种是声带发声的"抖唇练习"，发du音。

这种方法在练习好了以后，唱歌时的声音就会更好听，发音也会更准确。练习方法是：先用歌唱状态进入声音练习，用最小的气息压力使声带产生一点微弱的声音，这时声音的位置比较高，这种声音与双唇抖动的"tu"声音混合在一起形成"du"音，类似于摩托车或小汽车发动时的声音。一定要坚持"du"音的这种震动感觉，声音像歌声一样呈抛物线进行，因为音的位置随音高的变化也在移动变化。

"du"音是一种带音阶的练习，多个"du"音连在一起，就是我们发声的声线。

温馨提示：注意练习时一定不要由上而下去压声带。

除了上述两个有趣的方法，爸爸妈妈们还可以利用空隙时间，带孩子一起进行以下舌头力量的练习。

练习1：刮舌练习。

将舌尖抵在下齿背处。在舌头的中重线的作用下，上门齿刮拭舌面，与此同时，口腔被撑开，这个动作也就是刮舌。

练习2：爆破音练习。

舌尖用力抵在上门齿的牙龈处，突然放开，一次爆发出"d、t"的音。

舌根和软腭对抗从喉咙里涌出的气流，突然放开，以此爆发出"g、k"的音。

练习3：弹舌练习。

将舌尖轻轻上卷，抵在上颚，舌面边缘适当用力，紧紧地依靠在两侧上颚与牙床舌面边缘，尽量不要动舌尖，持续轻弹上齿。

学完了这些方法，家长可以带着孩子练习起来，可以和孩子一起用录制视频的方式，任选一种气息练习和唇舌练习的方式来做气息训练，既可以美化声音，又能增加亲子关系！

保护嗓子,给声带做按摩的"吐泡"绝招

经常有家长问金老师和郑老师:"你们主持人每天要说那么多话,又要上那么多节课,嗓子不会哑吗?"有很多孩子没有经过老师的专业指导,早读课上,扯着嗓子读语文、读英语,尤其是在小学阶段,这种情况比较多。如果孩子用嗓过度,轻者声音沙哑,严重的还会引起慢性咽喉炎。除了在前面讲述的使用正确的呼吸方法,我再教给孩子一种放松声带、按摩声带的小方法——气泡音。有的爸爸妈妈在唱歌时出现声音虚或者声音不稳的情况,也可以练习一下气泡音。

一、气泡音是什么?

气泡音是一种让咽喉充分放松以后的一种发声,是按摩声带的一种有效方法。所谓"气泡音"就是通过匀速呼出的气流触碰微微闭合的声带,使声带颤动,从而发出有规律的,类似小鱼儿吐泡泡的声响。

二、怎么找到气泡音？

学习气泡音可以体会到声音挂在声带上的感觉。

方法1：伸懒腰法

早上，我们慵懒地平躺在床上，一般会打个哈欠，打哈欠时，不自觉地发出"啊"的音。"打哈欠"的方法就可以找到气泡音。打哈欠时，我们从高音到低音发"啊"音，声音不要太大，要持续稳定地发声，当发音到最低音区时，就会听到声音好像一串气泡冒出来。随着气息的调节，嗓子里的气泡可大可小，可稀疏可密集，有时会像青蛙的鸣叫，有时又像拖车的引擎声，这就是"气泡音"。

方法2：漱口法

在不知道自己的气泡音是否正确的时候，可以用漱口法验证。

口中含水，做出早晨刷牙漱口的动作，可以听到"咕噜咕噜"的声音，做出打哈欠的动作，放松声带发出"啊"的声音。

在练习的过程中一定要保证气息的稳定，让自己的气由丹田向上持续稳定地供应，慢慢用心感受。

在以往指导学生练习的过程中，有的孩子发不好气泡音，原因是发音时有些紧张，喉咙没有得到充分的放松。发气泡音时，喉咙要放松，嗓子不能用太大力，声带闭合也不能太紧。气泡音看似简单，但对声音有很神奇的作用。

三、练习气泡音的好处

1. 按摩声带，缓解声音疲劳，让声音更好听，更动人。
2. 控制气息，延长呼气发声时间。

3. 增强声带闭合能力，说话时，声带不发紧、不漏气。

4. 提高个人精气神。

5. 唱歌和演讲更加好听。

四、练习时长

气泡音的练习不需要时间和场地的限制，可以随时练习起来，每天坚持练习 5 分钟就可以拥有一副"金嗓子"。如果用嗓过度，出现嗓子不舒服时，可以暂停练习。

朗读经典,感受语言表达的经典艺术

孩子从幼儿园开始到大学再到工作岗位,都离不开才艺展示,拥有朗诵、主持方面的才艺,不仅可以让孩子在班级里脱颖而出,多一些锻炼的机会,建立自信,更是为语文学习打下坚实的基础。

朗读经典是孩子初学朗诵时的最佳选择。经典的文学作品是人类智慧的结晶,多朗诵经典可以培养孩子的性格,丰富孩子的精神世界,当孩子心情不好时,这些经典的话语,哪怕只有一两句留在孩子心中,也可以缓解孩子的情绪,让孩子心平气和起来。

怎样让孩子拥有朗诵的才艺?根据以往指导学生演出的经验,我将少儿朗诵的技巧归纳为"一选二定三掌握"。

一、一选:选择适合少儿朗诵的诗歌

根据孩子年龄不同,参加活动、比赛的主题不同,选择的朗诵材料一定不同。3~7岁年龄偏小的孩子,可以选取经典的寓言

故事和童话诗歌；8~10岁中年级的孩子可以选取经典的唐诗宋词；11~15岁少年，可以选取篇幅较长的诗文，如《春江花月夜》《满江红》等，以及红色革命文学作品，如毛主席诗词、《在山的那边》《生命的颜色》等这样有描写内容的诗歌。朗诵者要真正深入理解诗歌的含义，朗诵起来更感染人，突出年龄段朗诵优势，在理解作品和朗诵作品之间游刃有余。

同时，建议孩子选择的朗诵材料最好有节奏，篇幅不要太长。

节奏产生美，无论是才艺展示还是朗诵比赛，篇幅长的作品难以长时间集中听众的注意力。因此，如果你的孩子参加朗诵比赛，在没有特别规定要求的情况下，选择短小精悍的作品是最适合的。

二、二定：定基调和定情绪

（一）定基调

唱歌有音调、绘画有色调、说话有腔调，朗诵是语言的"歌唱"、声音的"绘画"、灵魂的"说话"；朗诵作品时，纸上呈现的汉字没有乐谱、没有画布、没有量化的规定，全凭朗诵者对作品基调的把控。每一篇诗歌都有它的基调，或者是欢快活泼的或者是严肃忧郁的。朗诵前，无论是自选内容还是规定内容，首先要第一时间判断出朗读内容的基调，才能进行朗诵。

基调在朗诵过程中起着统领全篇的作用，是一个有声语言构成的总体形态。

例如：毛主席的经典名篇《沁园春·雪》，朗诵基调是热情洋溢、豪迈奔放、大气磅礴的。

沁园春·雪

近现代 毛泽东

北国风光，千里冰封，万里雪飘。

望长城内外，惟余莽莽；大河上下，顿失滔滔。

山舞银蛇，原驰蜡象，欲与天公试比高。

须晴日，看红装素裹，分外妖娆。

江山如此多娇，引无数英雄竞折腰。

惜秦皇汉武，略输文采；唐宗宋祖，稍逊风骚。

一代天骄，成吉思汗，只识弯弓射大雕。

俱往矣，数风流人物，还看今朝。

例如：现代作家艾青的著名诗篇《大堰河——我的保姆》，是一首带有自传性的抒情诗，朗诵基调是深沉、悲愤、痛切的。

大堰河——我的保姆（节选）

现代 艾青

大堰河，深爱着她的乳儿！

大堰河，在她的梦没有做醒的时候已死了。

她死时，乳儿不在她的旁侧，

她死时，平时打骂她的丈夫也为她流泪，

五个儿子，个个哭得很悲，

她死时，轻轻地呼着她的乳儿的名字，

大堰河，已死了，

她死时，乳儿不在她的旁侧。

大堰河,含泪的去了!
同着四十几年的人世生活的凌侮,
同着数不尽的奴隶的凄苦,
同着四块钱的棺材和几束稻草,
同着几尺长方的埋棺材的土地,
同着一手把的纸钱的灰,
大堰河,她含泪的去了。

例如:匈牙利作家裴多菲经典作品《我愿意是急流》,朗诵基调是热切而质朴、衷情而坚毅的。

我愿意是急流(节选)

作者:裴多菲(翻译:孙用)

我愿意是急流,
山里的小河,
在崎岖的路上、
岩石上经过……
只要我的爱人
是一条小鱼,
在我的浪花中
快乐地游来游去。

我愿意是荒林,
在河流的两岸,

对一阵阵的狂风,
勇敢地作战……
只要我的爱人
是一只小鸟,
在我的稠密的
树枝间做窠,鸣叫。

(二)定情绪

确定了作品朗诵的基调,下一步就是确定朗诵时的感情状态。朗读前,根据诗歌内容及作品所传达的思想感情,确定朗诵诗歌时要表达什么样的情绪,是赞扬还是批判,是热情还是冷漠,都在朗诵的基调和情感之间展现。

朗诵不同的经典作品,定的基调和感情是不同的。诗歌的意境需要情感来说明:如果诗歌是欢快的,那么情感就该是欢快的,语速可以稍快些;如果诗歌是悲伤的,那么情感就要稍微低沉,语速放慢。

例如:台湾诗人余光中的著名现代诗《乡愁》。

乡愁(节选)

现代 余光中

后来啊,
乡愁是一方矮矮的坟墓,
我在外头,
母亲在里头。

> 而现在，
> 乡愁是一湾浅浅的海峡，
> 我在这头，
> 大陆在那头。

朗读这首《乡愁》时，情感基调在一个"愁"字上，是作者余光中对于故乡的思念之情，因为隔着海峡，这份思念变成了一种离愁别绪，带有一种浓浓的思乡情感在其中。但是这种感情是含蓄的，朗诵时，不可以高亢张扬，而要用情绪、感情体现作者的愁绪和不张扬的情感。所以，在朗诵这首诗的时候，语气要舒缓，感情要充沛。

朗诵者将纸上冷冰冰的无声语言通过自己的朗诵，变为有声语言。有声语言的节奏美是通过朗诵者对经典作品的理解、感悟、展示而转化成艺术语言的。所以理解要准确，感悟要到位，节奏要明快，让聆听者随着朗诵节奏进入作品所描写的时代、场景，体悟人物的情感，即身临其境、情景再现。所以成功的朗诵使听众忘却了朗诵者，而进入朗诵作品的意境中，而不是只记住了朗读者，却不知道朗读者在朗诵什么。

三、三掌握：掌握"一点""两线"的情感表达法

有的同学经常问我："郑老师，你教的一选二定三掌握中，定基调我知道，可是定情绪时，我虽然知道用什么情绪，可是这种情绪怎么在朗诵中表现出来呢？"

很多学生知道需要"有感情地朗读"，可是怎样读才算是有感情地朗读呢？一起来了解一下"一点""两线"的情感表达法。

（一）一点：情感支撑点。

情感作为一个支撑点，语言表达的核心就是内在的情感，如果没有情感的支撑，读出来的文章就是没有灵魂的东西。这需要我们在朗诵时，把自己想象成作者，对文章付出自己的真实情感，设身处地般感受作者的情感，而不是捏着嗓子朗读。

（二）两线：内心感受线和外部表达线

内心感受线：自己捕捉朗读经典作品时，由作品带来的内心感受，这个是自己感受的。而有的内心感受需要用外部表达线，用声音对文章进行表达，这个是给听众感受的。

要想有感情地朗诵，让自己朗诵的情感充沛，需要注意四个方面：停连、重音、节奏（语速）、语气（语调）。

在"两线"的基础上，朗读时还可以用"找重点"的方法。

经典作品中的重点词语也是一句话的点睛之笔，在一句话中1~2个词语即可，不宜过多。

再以《乡愁》为例，这首诗歌朗诵的重点在时间点上，"小时候""长大后""后来啊""现在"，接下来是次重点"邮票、船票、坟墓、海峡""母亲、新娘、大陆"。

在以往指导学生朗诵中，我发现很多孩子能找到作品里的重点词语，却不会强调重点；有的孩子朗诵时很轻地带过，有的孩子朗诵时用力强调过度，这些朗读方法都不恰当。朗诵重点词，可以采用先抑后扬的方法，即非重点的词语表达清晰，重点词语要轻轻拎起，或者把这个词语声音拉长，通过这样的技巧带出重点词语。

可见，要想有感情地朗诵，首先要努力透彻地了解经典作品的精神内涵，朗诵时有技巧地把握气息，做到声音自然流畅、饱满响亮，节奏鲜明富于变化、张弛有度，重音轻重、长短突出，情感真实自然，充满自信，激情饱满，才能展现出朗诵的真正魅力。

建议爸爸妈妈在陪伴孩子学习表达力的过程中，在学习朗诵经典作品方面，形成良好的学习习惯：准备一个记录本，收集练习朗读时容易读错的字词，甚至是自己难读的"绕口令"。

推荐朗诵经典篇目，见下表。

推荐篇目	作者
《沁园春·长沙》	毛泽东
《忆秦娥·娄山关》	毛泽东
《你是人间四月天》	林徽因
《一棵开花的树》	席慕蓉
《祖国啊，我亲爱的祖国》	舒婷
《囚歌》	叶挺
《您是》	臧克家
《一句话》	闻一多
《青春中国》	欧震

附：少儿朗诵比赛评分标准，满分100分，起评分60分

一、主题内容（20分）

1. 内容（10分）：朗诵文稿题材不限，内容健康向上；充实生动，有真情实意。

2. 主题（10分）：内容突出活动主题，寓意深刻，富有感召力和警世作用。

二、普通话（40分）

1. 发音（20分）：语音准确20分，较准确18分；基本准确15分，最低12分。

2. 语速（10分）：语速恰当、声音洪亮，表达自然流畅10分。因不熟练，每停顿一次扣1分。最高扣5分。

3. 节奏（10分）：节奏优美，富有感情10分；节奏鲜明，基本有感情8分。

三、表达（30分）

1. 表达（10分）：表达自然得体，动作恰当10分；表达较为自然大方，动作设计合理8分；表达基本自然，动作较少6分。

2. 感情（10分）：朗诵时感情处理得当10分；处理较得当8分；处理一般6分。

3. 感召力（10分）：富有创意，引人入胜10分；有创意，

有一定感召力8分。

四、台风(10分)

1. 上下场致意、答谢(5分)。
2. 服装得体,自然大方(5分)。

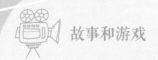 故事和游戏

家庭TV《新闻联播》

孩子口才练习少不了新闻联播的跟读。跟读练习可以让孩子更好地掌握常用字、标准音,达到用普通话标准音说话和朗读的要求。

锻炼口才的方式有很多,爸爸妈妈们不妨和孩子玩一玩新闻联播的游戏,开展家庭TV《新闻联播》,每天摘取几条国内外新闻和一句励志的"每日金句",推选孩子为家庭TV《新闻联播》的播音员。"国事家事天下事,事事关心",在游戏中培养孩子口才能力,积累写作素材。

家长和孩子一起,通过网络和查找资料,把当天发生的国内外重要事件截取、归纳,并让孩子端坐在设定好的"主播台"前,搭配另一位播音员,开始每日播音。

刚开始时,家长引导孩子跟读模仿电视里专业的播音员口型和声调起伏。每个字按照四声调,标准的口型变化,找出差异。然后加以改进,慢慢地顺下来,再模仿分清轻重音,掌握适当的节奏。播新闻不需要单纯的快和流利,孩子需要模拟的是,让观众明白你在播报一条什么样的信息。

下面分享一些新闻联播节选,试着读读看吧。

新闻每天报,童眼看世界

欢迎收听××的新闻播报,今天是2023年1月7日,

星期六，农历腊月十六，合肥地区天气 晴。今天的主要内容有：

国内简报

1. 能源局：拟大力推动新能源、氢燃料电池汽车全面替代传统能源汽车；交通运输部：乘坐公共交通工具回乡要主动避免带症状出行。

2. 北京：全域禁放烟花爆竹，举报者最高奖2万；央视网评：烟花的"禁"与"放"，是时候被重视了，也是对执政能力的考验。

3. 特斯拉国产车型再次宣布大降价，降幅最高4.8万，创历史新低，新晋车主称血亏3万，官方回应：坚持以成本定价；国内油价1月17日24时起再调整，预计下调0.17元/升。

4. 台媒最新民调：蔡英文满意度低于四成，苏贞昌仅三成，为四年最低；美军舰过航台湾海峡并公开炒作，东部战区回应：对美舰全程跟监警戒，一切动向尽在掌握。

国际简报

1. 最新研究：由于气候变化加剧，全球近三分之二的冰川预计将在2100年前消失；美国科学家首次发现专吃病毒生物：两种浮游生物可主动食用病毒并茁壮成长。

2. 外媒：日本核废水问题遭多国抗议，包括澳大利亚在内的多个岛国敦促告诫日本：若排放核污水是安全的，那么请倒在东京。

3. 英媒：英国哈里王子新书自曝17岁吸食可卡因，在阿富汗服役期间曾杀25人；英国气象局：2022

年是英国有记录以来最热一年,年均气温首超10℃。

4. 美媒:第11轮美国众议院议长竞选投票仍无果,有共和党人提名特朗普;美国前国务卿希拉里将前往哥伦比亚大学任教,担任国际与公共事务学院实践教授。

5. 外媒:俄军已停火,乌军仍在继续炮击俄军事阵地,乌方:只有俄军离开乌领土,才可能临时停火;拜登:普京提议停火36小时,是试图寻找喘息的机会。

【每日金句】努力和上进,不是为了做给别人看,是为了不辜负自己,不辜负此生。

新闻每天报,童眼看世界

欢迎收听×××的新闻播报,今天是2023年1月8日,星期日,农历腊月十七,合肥地区天气晴。今天的主要内容有:

国内简报

1. 中央气象台:11日至15日,强冷空气将影响我国大部地区,将出现6~10℃降温,内蒙古、东北、江南等地降温超过14℃。

2. 医保局等四部门:新冠治疗药品延续医保临时支付政策,个人负担部分由财政补助,执行至2023年3月31日。

3. 专家:老人感染新冠若体温低于35℃需警惕,要及时转诊;未感染或还没康复人群不建议远行;脱发是并发症之一,阳康后超30%的人有脱发风险。

4. 江西：高中生胡某宇失踪超80天，警方最新通报：未发现其在校内被害自杀等痕迹证据，依法未立为刑案，将继续全力查找；成都通报"两位副区长不雅聊天记录事件"：正按程序追究责任并建议免职。

5. 港媒：香港法院裁定香港理大10人暴动罪罪名成立，分别判决入狱50至52个月；澳门：8日起禁止携超过5盒止痛退热药等4种抗疫药物及用品出境。

国际简报

1. 外媒：墨西哥大毒枭之子再次被捕后，毒贩集团袭击机场客机、军机，引起军方与贩毒集团激烈交火，已致29死35伤，当前紧张氛围下法官暂停将毒枭之子引渡美国。

2. 日媒：日本一航空公司航班飞行途中收到爆炸恐吓，紧急备降中部机场，5人受伤；日本首相9日起将与法意英加美5国首脑举行会谈，会谈主题之一为俄乌冲突。

3. 美媒：美国弗吉尼亚州一名6岁男孩在校内开枪，致一名女教师重伤，目前警方已逮捕这名儿童；美国冬季风暴持续，极端天气短期内将持续袭击加州，目前仍有约4万用户断电。

4. 美媒：经过4天15轮投票，共和党领导人麦卡锡当选新任美国众议长，称是特朗普全力以赴支持他，曾表示当选后要调查拜登；美军拟今夏组建史上首支无人水面舰队，加强区域威慑。

5. 外媒：乌军情部门称俄将再动员50万新兵，俄方曾否认第二轮大征兵；普京停火遭拒，警告新年大礼正靠近北约；美国1月将开始训练乌军使用"爱国者"导弹系统。

【每日金句】任何一件事情，只要坚持六个月以上，你都可以看到质的飞跃。

新闻每天报，童眼看世界

欢迎收听×××的新闻播报，今天是2023年1月9日，星期一，农历腊月十八，合肥地区天气多云。今天的主要内容有：

国内简报

1. 中疾控：我国已监测到16例XBB本土关联病例，未发现致病力明显增加，现阶段XBB变异株不会造成我国本土大规模流行；国家卫健委：我国阳后出现肺炎人群约为8%。

2. 海南：4名游客在三亚后海村附近海域溺水，致3人死亡1人失联，当地：事发海域有暗流，禁止下水。

3. 铁路部门：今年春运12306每人可同时候补5张火车票，购票成功率大增；成都：1月9日起恢复城区机动车"尾号限行"。

4. 山东：发现一处距今1.32万年的人类遗址，出土了1000余件早期人类遗物；天文学家：5万年一遇彗星将在未来几周内掠过地球上空，届时或可用肉眼直接观测。

国际简报

1. 外媒：塞内加尔发生公交车相撞事故，死亡人数上升至40人，另有87人受伤，总统宣布全国哀悼3天；南苏丹71岁总统剪彩时失禁，画面被拍下在全球网络疯传，6名记者涉嫌传播视频被捕。

2. 世卫：XBB毒株在欧美加速传播，英国一周内300万人感染；美国下调XBB.1.5全国流行率，病毒学家：不必纠结重复感染问题，只要有一定的免疫力，多次感染新冠后果并不严重。

3. 外媒：俄军36小时停火结束，俄罗斯宣布继续战斗；俄军发动跨年夜乌军袭击的报复行动，杀死600多名乌军士兵；卢甘斯克地区一天然气管道发生爆炸，致1.3万家庭断气。

【每日金句】有些路很远，走下去会很累，可是，不走，又会后悔。

第五章

表达有情商,让孩子换个角度看世界

会表达的孩子有光芒

1
"小暖男"和"小棉袄"的表达秘密

叶叶是一个活泼可爱的 5 岁小姑娘,今年上幼儿园中班。有一次叶叶的妈妈带叶叶出去玩,有位同行的阿姨夸奖叶叶说:"宝贝真漂亮啊,打扮得也好看,真像个天使宝宝。"叶叶当时回答道:"谢谢阿姨夸奖,这不是我的功劳,都是我奶奶和妈妈的功劳。"

同行的阿姨听完之后,直夸叶叶情商高。

家里有个高情商的孩子,能让家长每天都生活在欢喜之中,甚至是生活在蜜罐里。

美国著名的卡内基研究中心曾做过一项跟踪调查:对数千名青少年学生的智力水平、学习成绩、情商水平、性格特点、人际关系等多方面进行跟踪调查,结果发现这些学生的智力水平相当,学习成绩却各有差异。其中,学习成绩优异的学生心理素质较好,善于处理各种关系,有强烈的责任意识和很强的上进心,情商比较高；而成绩较差的学生，虽然头脑很聪明，却把学习当作负担，承受着较大心理压力，其性格也比较孤僻，不善表达、沟通。

无论是网络媒体上还是现实生活中，青春期的孩子或因和父母沟通不畅，或因学业压力重无法排解而造成心理疾病甚至极端事件的情况时有发生。所以，在教育孩子的过程中，老师和家长不能把所有注意力都集中在孩子智力开发和考试分数上面，还要特别注重对孩子人格、性格等"软实力"的培养，让孩子拥有高情商的沟通表达能力，让孩子情商与智商相互促进，最终带孩子走上真正的成功之路。

真正的高情商，不仅是说出让别人舒服的话，更是孩子从小由内而外散发出的修为、涵养。会高情商表达的孩子，有良好的心理自愈能力，能够换个角度看世界。无论是家长还是同学、老师，和这样高情商的孩子在一起，会感觉很舒服、很放松。

值得庆幸的是，担任班主任工作18年来，我在和很多家长沟通中，发现大多数家庭都有这样一个观念：要成才先成人。越来越多的家庭非常重视孩子的情商教育。很多家长都意识到培养孩子的高情商表达对孩子来说有多重要，会高情商表达的孩子往往会在人群中脱颖而出，不管是在哪里都会有很好的人缘，容易得到贵人的帮助，得到更好的发展。

那么"小暖男"和"小棉袄"的表达秘密是什么呢？除了班主任老师在班会课上开展情商教育主题班队会，更离不开父母的家庭教育。"小暖男"和"小棉袄"的表达秘密概括起来有三个关键词：倾听、共情、夸赞。

第一个关键词：倾听

学会高情商表达的第一步：让孩子学会倾听。倾听是表达的基础，只有倾听了，才能了解他人的想法，才能不会按照自己的主观意识去想问题，而是换位思考，换一种角度看问题。

学会倾听的孩子，一定不会在别人说话时，迫不及待地去表达自己的想法，甚至别人还没有说完就插话。随意插话，会让被打断的人觉得受到了侵犯，而学会倾听不只是有礼貌，更是让对方感受到理解和友善。倾听是高情商表达的核心所在。

第二个关键词：共情

培养孩子高情商表达，需要培养孩子的共情能力。站在对方的角度将心比心，理解别人的处境和感情。孩子大多数是口直心快的，如果能够站在别人的角度上或者情感上来安慰体贴别人，是难能可贵的。在学校里可以看到一个孩子受到挫折或者委屈，小伙伴安慰他的情景，这种安慰就是共情，就像是自己也经历过这样的情形，然后安慰同伴。

值得一提的是，我们生活中提到的共情，大多数是指情感上的共鸣。其实，共情除了情感上理解别人，也可以在兴趣爱好上理解别人，用一颗包容的心看待他人也是共情。

第三个关键词：夸赞

高情商表达的第三步就是夸赞。夸赞也是人与人和谐相处的关键所在。"赠人玫瑰，手有余香"，学会欣赏他人，毫不吝啬地夸赞他人，也会得到积极的回应。

无论是家长夸赞孩子，还是孩子夸赞别人，需要强调的一点是：

夸赞别人不是简单地浮于表面，而是具体地夸赞到某个"点"上。

例如：看到同班同学画画好看，不是简单地夸赞"你画得真好看"，而是具体地夸赞某个点，"你画得真好看，图案线条勾勒得真美。"看到同学字写得漂亮，不是简单地夸赞"你的字真漂亮"，而是具体地夸赞某个点，"你的字真漂亮，尤其这个字的偏旁和主笔部分，穿插避让写得很好。"这样真实具体的夸赞，会让对方感觉到你最大的真诚，也会看到你的闪光点。

这三个技巧的前提是真诚：真诚的倾听、真诚的共情、真诚的夸赞。学会这三个技巧，你家也有"小暖男"和"小棉袄"！

情商表达小游戏,孩子也会换位思考

2019年,我担任六年级毕业班班主任。临近小升初,家长给孩子的压力也高于以往任何时候。原本性格开朗活泼、课堂积极发言的琳上课时突然变得沉默了,请她回答问题,低着头不愿意回答,甚至露出排斥的表情。下课后,我请琳到办公室来了解情况:

我:"琳,今天上课那个问题你没有回答,是因为不会吗?还是有什么情况呢?"

琳:"老师,我就是不想说话。"

看着孩子的表情,我知道一定有原因。

我:"你提不起精神,老师也觉得没力气一样,你是我们班朗读最出色的同学,我们班可不能没有你哦。如果你愿意倾诉,我愿意当聆听者。"

琳:"老师,我和你说,你可不能告诉我妈哦。"

我:"什么事这么神秘啊?"

琳:"上学期期末测试语文我没有考好,这学期妈妈对我的期望值很高,可是我现在语文怎么学也学不好,感觉学什么都没劲。"

我:"就因为这个啊。我上小学时语文成绩也不好,但是后来经过刻苦努力,找对方法后成绩突飞猛进,你看,我现在还成了老师呢!"

琳:"老师,我行吗?"

我:"你一定可以,你是最棒的,关键是你要相信自己才行。"

和琳同学的这段对话是在班主任工作中经常遇到的情况。无论是老师还是家长,我们和孩子沟通时要高效沟通,有效沟通。这段有效真诚的沟通通过换位思考,唤起琳同学对于求知的渴望,重新树立起学习的信心。如果因为孩子抗拒回答问题而责问孩子,结果只会适得其反。换位思考可以成为我们与他人之间得以顺畅沟通的心理桥梁。

《了不起的盖茨比》里有这样一句话:"在你想要评判别人之前,要知道很多人的处境并不如你。"

生活经常换位思考,珍惜才配拥有。

众所周知,换位思考并不是与生俱来的,而是一个人在成长的过程中受到后天环境的影响,因此,家长们想要教育出来一个能够换位思考、懂事乖巧的孩子,不用和孩子讲一些抽象的换位思考的概念和说教,可以试试以下几个有趣的小游戏,在游戏中,让孩子学会换位思考,拥有高情商。

游戏一:角色扮演

孩子可以扮演妈妈、医生、警察、超人、故事或影视中的任何一个角色，和他人互动。孩子通过对角色的扮演，获得快乐体验以及宝贵经历的同时，还提高了语言能力、认知能力、人际交往能力、想象力和创造力。角色扮演也是心理学中的经典游戏，它对于孩子体验各种情绪、学习换位思考、释放内心被压抑的感受、学习解决成长中的难题都有很大的帮助。

胡适曾经说过："凡富于创造性的人必敏于模仿，凡不善于模仿的人绝不能创造。"孩子与生俱来有模仿的天性，当孩子接触到角色扮演之后，这种可以体会不同人生的游戏简直是孩子的最爱，在给予孩子丰富的感受的同时，还可以启发孩子的想象力、思考能力以及设身处地从他人角度思考的能力，进而提高孩子的人际交往能力。

如果大人想参与孩子的角色扮演，一定要跟随孩子融入他的世界，不要觉得孩子幼稚。12岁以前的孩子，是特别愿意大人加入他们的队伍和他们一起玩的。不管孩子的台词有多么幼稚，剧情多么离谱，道具多么简陋，我们只要做好一点，跟着孩子的思路走就可以。因为，此刻你走进的不仅仅是孩子的游戏，更是孩子的内心世界。当然，如果在游戏的过程中，你发现孩子选择的角色，或台词对话中有一些不符合正确价值观的内容，可以恰当地在角色扮演中，巧妙运用人物对话进行反驳，让孩子明白其中道理，学会换位思考。

游戏二："人"字游戏

爸爸妈妈和孩子面对面站立，让孩子用自己的双手拼出一个"人"字形举起来给父母看，大多数孩子都会按照自己的观察角度去摆"人"字形，那么从孩子的角度看到的是"人"字，而从父母的角度看到的是"入"字。在这个游戏的基础上,我们可以慢慢引导孩子:一个简单的字都是这样,而在生活、学习、工作中,我们都会因为立场不同、所处环境不同,而很难了解对方的感受,因此,对他人的失意、挫折和伤痛,我们应进行换位思考,以一颗宽容的心去了解他人、关心他人。

游戏三:表情包

"表情包"的游戏,很多孩子特别爱和爸爸妈妈一起玩。在卡片上画一张可爱的圆脸,展现出丰富多彩的表情,用来和孩子玩耍最合适不过了。

将生活中常见的几种情绪,喜、怒、忧、思、悲、恐、惊,组成不同的词语,写在小卡片上,卡片上会有相应的情绪名称,让孩子用自己的表情和卡片中情绪名称对应起来,比如眼睛弯弯、嘴角向上咧开的"开心",咬紧牙关、满脸通红的"生气"。还可以增加难度,用上一些成语或词语,例如开怀大笑、捧腹大笑、垂头丧气、唉声叹气等。也可以拿出手机,将这些表情包拍下来,作为成长的纪念。父母和孩子在欢声笑语中体会到不同情绪的变化。

今天我要夸夸你!学会赞美,赠人玫瑰

一句话让人笑,一句话让人跳。

从每个人口中说出的语言,对他人有千差万别的结果。而美好的语言,真诚的赞美如同一股暖流,滋润着他人的心田。

一个孩子学会欣赏,学会赞美,心里有阳光,即使在有遗憾的日子里,也会保留着温暖和热情。

让我们的孩子具备欣赏和赞美他人的能力,这不仅是在孩子的心中种下一颗发现美、创造美的种子,更是未来高素质人才的必备条件之一。

要想让孩子在未来更好地适应社会竞争,在竞争中占有一席之地,就必须提高孩子的情商,让孩子学会欣赏他人、赞美他人。

在培养孩子学会赞美之前,我们为人父母者对于孩子的闪光点,也应该毫不吝啬地道出自己的赞美。

怎么样赞美才能更恰当,更正确呢?

首先：赞美由"点"及"面"

很多家长有表扬赞美孩子的意识，却苦于没有方法，每一次都是简单的："宝宝，你好棒！你好厉害！"这样在孩子听来类似敷衍的赞美是没有任何价值的。

赞美孩子不仅是对孩子的肯定，树立孩子的信心，更是对孩子优秀行为习惯的塑造。赞美并不是单纯地表扬一下孩子，而是先"点"后"面"，"点面结合"。"点"是指孩子哪些地方做得好，赞美要明确，要具体；"面"是孩子可以达到的高度和养成的好习惯。

案例：5岁的谦谦已经能够在每天起床后将被子叠好，这时候妈妈可以说："宝贝真棒，被子叠得方方正正，床单也铺得整整齐齐，真是厉害呀。"第一句是"点"，再上升到"面"："宝贝，像你这样爱做家务的孩子，未来一定很了不起，你懂得热爱生活，独立性和动手能力都很强！"

当家长把赞美由"点"及"面"的时候，孩子不仅具体知道自己在哪方面做得好，未来在这方面继续努力，而且可以非常明确地知道这样做，自己可以养成什么样的好习惯！未来，孩子在面对一些事情的时候，可能会有更清晰的认知和判断能力。

其次：赞美进步，不赞优势

孩子已经存在的优势，不用一味长时间地夸奖和赞美，而是要赞美孩子在原本不会，通过自己努力获得进步的地方，不强调获得的结果，重点强调孩子在努力的过程中不断取得的进步，努力的过程，这才是值得真正赞美的。

再次：不比较

家长鼓励孩子、赞美孩子时，千万不要把别人的孩子拿来和自己的孩子比较，我们要把重点放在孩子所取得的进步当中，孩子在成长中所得到的结果，努力的过程，远远比孩子在生活中超过了某个人重要。如果我们总是把孩子和其他孩子对比，孩子在心中可能会产生一种优越感，总觉得自己非常了不起。这样的话，当孩子未来在成长的过程中，一旦面对一些挫折和困难时，他的心中会产生很强的挫败感。很多家长都觉得自己的孩子小时候特别优秀，结果长大后"伤仲永"，不得不引起反思。

最后：高情商赞美法

生活中，家长一般都会把孩子做得对的地方直接表达出来，如果家长能换一种高情商赞美法，可以帮助孩子更好地成长。

小鹏和星辰两个孩子都在家做家务。

小鹏妈妈这样对孩子说："你能帮妈妈做家务，真的是太棒了。"

星辰妈妈这样对孩子说："你能帮妈妈做家务，不仅让妈妈节省了很多的时间和精力，而且你打扫得也特别的干净。"

这两种赞美的方式有什么区别呢？小鹏妈妈的赞美仅仅让孩子知道：我做家务可以获得妈妈表扬。星辰妈妈的赞美不仅让孩子知道做家务可以获得妈妈表扬，同时他的努力也可以真正的帮助到妈妈，在这个家庭中，他是被需要的那个，这时候孩子内心就会有很强的满足感、责任感。

知晓了家长赞美孩子的方法，下一步家长就需要引导孩子学会真诚地欣赏、赞美他人了，我将其归纳为"三有"。

一要有真诚

真诚是一切表达的基础。发自内心地肯定别人，以真诚待人，只有真诚赞美别人的人才能得到对方友善的回应。

比如：看着对方，面带微笑，让对方感觉到你的赞美是善意的，是发自内心的。

二要有具体

我们教孩子赞美别人时，要特别指出，不能毫无根据地赞美，而是应该赞美事情本身，不要只是说"你真是太好啦"，那毫无意义，会让人莫名其妙。赞美的话要具体一些，例如赞美同学读课文读得好，可以说："你读得真流畅，真有感情。"

三要有多种方式

赞美不仅可以直接赞美，也可以间接赞美；可以口头赞美，也可以使用眼神、动作、姿势来赞美人，还可以用微笑、惊叹或是夸张地瞪大眼睛表示对别人能力的倾慕和敬畏。这些方式都是容易被对方接纳的。

学会赞美，也是在培养孩子的"美感"。我们做父母的要教会孩子感受世间一切美好的事物，应不时地用语言向孩子讲述这些"美"的东西，让一种"美"的感受在孩子的大脑中保存下来。随着孩子的生长发育，社会交往不断扩大，生活经验不断积累，应该开始让他对家人和接触的外人的优点进行赞美，久而久之，这种良好的行为就会成为一种习惯固定下来。

父母可以让孩子在被赞美和会赞美中提升情商，沐浴在爱与被爱的温暖童年里。

"抱歉,这个我不能做!"懂得拒绝不再委屈

亲爱的爸爸妈妈们,在你们的成长过程中,不知道有没有在某个时刻,你会觉得很无助,明明面对一个人的要求可以拒绝,却总是觉得无法拒绝,或者总是拒绝不了。

传统的教育观点告诉我们:"不能驳回别人面子,有求必应。"很多时候,对于别人的要求,我们内心不愿意答应,可苦于不知道该怎么办,总是为难自己却不好意思去拒绝,总是觉得:别人找到了我,我就要想办法去帮助他,假如我不帮助会让对方难受。其实重要的是,我们自己说不出口拒绝的话。在很多人看来,拒绝他人是不好的,这样会破坏彼此之间的关系。因此,很多时候,不管这件事我们能不能做到,能不能帮上忙,我们都不会拒绝,而是在答应之后,想尽一切办法去帮助。可是有些事情其实是我们做不到的,但是已经答应了别人,就没办法再次说自己做不到了,于是困难就变成自己的了。

答应别人的事情做到了,会得到别人的感谢,但是有时候做不到,不仅得不到感谢,反而会被埋怨。其实,我们是完全没有必要被人埋怨的，一开始的时候，我们知道这件事帮不上忙的话，就要勇敢去拒绝，若是知道自己做不到，就不要去答应。

有一部电视剧《欢乐颂》，剧中有一个角色叫樊胜美，这个女孩子在面对家人的无理索取时不懂得拒绝，自己一味地付出，长期供养父母和弟弟一大家子，自己却痛苦不已。

樊胜美孝敬父母并没有错，错就错在尺度的把握上，她的家人对她的要求和索取已经超出了合理的范围，樊胜美的不会拒绝是对自我的压抑，是对索取无度者的纵容。

因此，一个人越不懂得拒绝，越为难自己。

爸爸妈妈们，还希望用老方法教育我们的孩子吗？如果孩子在人际交往中，总是一味地说"好"，有着很大的危害：短期来看，可能会打乱孩子原先设定的学习规划，让孩子不堪重负；长期来看，孩子会在长期的压抑中形成一种卑微讨好型人格，这也就代表着孩子以后的人生都将活在别人的要求里，没法活出真实的自我。

所以不要为难自己了，更不要将这种压力加诸孩子身上，从现在起，和孩子一起学会做不到的事情就拒绝吧！拒绝没什么不好意思的，耽误别人的事情，才是一件不好意思的事情。在人际关系中，每一句应和的"好"，都是在为自己添上的一些"重"。学会拒绝是减轻身上的担子，是给自己的人生做减法。

教会孩子学会拒绝，不是与"助人为乐"唱反调，而是拒绝那些力所不能及的事情，拒绝那些无礼的要求。一味地说"好"，是对自己的坑害，它会打乱自己原有的生活节奏，造成焦虑；一味地说"好"，是对他人的纵容，它会让被帮助者觉得你很廉价，从而轻视你。因此，做人要懂得拒绝，不必一味地委屈自己去成全别人，也没有必要让自己忍受太多不想忍受的委屈。拒绝那些力所不能及的事情，拒绝那些无礼的要求，才能轻装上阵，为了自己的理想去奋斗。

真正聪明的人，都懂得拒绝。他们知道，要如何去拒绝一个人；他们知道，要如何做，才是对自己最好的；他们更知道有些事情可以做，有些事情不能做。

懂得拒绝，是让一个人更有吸引力！

懂得拒绝，是让别人懂得珍惜自己！

懂得拒绝，是主动提升自己的价值！

教孩子学会拒绝别人不是让孩子鲁莽地拒绝，而是教给孩子一些表达的小技巧，能让孩子巧妙拒绝他人，还不会伤害到对方。

有三点小妙招和爸爸妈妈们分享。

小妙招一：先停顿，再建议

当别人来找你帮忙时，先认真听对方的要求，不要一下子就表明自己无法帮忙。因为立刻拒绝对方，容易引起对方心理层面的对抗，让对方感到不被尊重和不舒服，甚至会让对方觉得你对他有成见。

我们可以先认真聆听别人的想法和出现的问题，提出自己力所能及的想法或建议。

你也可以这样说："如果这个问题发生在我身上，我可能会……"

给出想法和建议，再阐述剩下的事情无法继续帮忙，这样"先停顿，再建议"的方法，会让对方觉得你热心肠，而不是冷漠无情。

小妙招二：态度诚，婉拒绝

人际交往中，其实很多人更看重别人的态度如何。如果能从别人的态度中感到被尊重，那么即使被拒绝了，他也不会生气或难过。

可以给孩子讲一个历史故事：

> 三国时期有个人叫华歆，是曹操的部下，有一次曹操要提拔他，下令让他进宫。华歆的亲戚朋友听闻此事，知道华歆要升官了，都带着丰厚的礼物前来祝贺他，当然，他的亲戚朋友最主要的目的是想要巴结华歆。华歆知道现在正是需要维护自己名声的时候，不能收下大家的礼物，所以他就要想办法拒绝收礼。

故事说到这里，我们可以启发孩子，如果你是华歆，你可以怎样表达拒绝呢？

绝对不能态度强硬地说"你们把东西带回去吧，我不要"，这样说话不仅显得自己没礼貌，更让亲戚朋友觉得华歆不识抬举。

所以华歆诚恳地说："感谢亲朋好友对我的支持，但是今天各位的礼物，华某可万万不敢收呀。这次进宫，路途非常遥远，我带着这么多的礼物上路，怕是会遭遇什么不测，万一被路上的贼人惦记，我恐怕性命都危险啊！希望亲朋好友能够谅解，收回礼物。"华歆这样表达，等于跟大家说："你送我礼物，就间接等于要我性命。"大家自然都明白了，也不敢送礼物了。这就是态度诚恳，委婉拒绝，不伤别人面子的表达。

因此，我们需要告诉孩子：当你有不得已的苦衷时，尽量要委婉地先说明情况，再用婉转的态度拒绝。只要态度诚恳一些，一般情况下，别人还是会理解的。相反，如果仅仅是很随便地拒绝，别人会觉得你态度很差，容易造成反感。

小妙招三：幽默化解回踢球

拒绝别人还可以用幽默的方式化解，同时"以其人之道还治其人之身"，幽默的同时，将问题抛给对方。

有一次演员黄渤和阿里巴巴公司的董事长马云一同出席活动，马云一上来就调侃黄渤，问了黄渤一个非常难回答和拒绝的问题："你可以免费帮我做一个代言吗？"在众目睽睽之下，这个请求怎么回答都不合适，如果黄渤说收代言费，那样显得自己太势利了，如果说不收代言费，整个工作团队怎么维持下去？在这尴尬的情况下，黄渤不急不慢地说："当然可以，但是你能送我一辆车吗？"

这时的马云就非常感兴趣了，凭黄渤的经济实力，想买一辆车，应该很轻松，于是马云便问："什么车？"只见黄渤微笑着回复了12个字："只要帮我清空购物车就行了。"说完之后连马云都哈哈大笑了起来。不得不说，黄渤拒绝别人的艺术，真的是让人佩服不已！原本处在为难和尴尬的境地，他却幽默地将问题抛回给对方，用"回踢球"的方式，既拒绝了别人，又不伤和气。

拒绝需要勇气，更需要巧妙的技巧，合理拒绝，不会让对方感到被拒绝的挫败感。希望我们的孩子在成长中，在人际交往中，不要一味委曲求全,让自己生活得不开心;也不要直言快语,在不经意间得罪了别人;而是选择一种婉转回旋的方式,让自己与他人都能心情舒畅。

胜不骄败不馁,让我们换个视角看成败

现代育儿观念,大多以鼓励为主,加上现在物质生活条件好了,不缺吃不缺穿,孩子的基本要求家长都能满足。很多孩子受到的挫折、打击比较少,还有的孩子胜负欲很强,玩游戏、竞赛、活动等必须得第一,如果结果稍微不满意就爱发脾气。有的孩子拿不到第一的话,小则情绪低落,大则崩溃大哭,甚至有不依不饶的。这样的情况令家长很头疼。家长的担心没有错,如果孩子一直是这样格外在意得失,长大后可能会出现情绪问题。

容易骄傲自大的孩子无意之中会在自己与外界之间竖起一道无形的"墙",形成与外界的隔膜,使他变得狭隘、自私、目中无人,如井底之蛙,看不到更广阔的世界。

容易气馁的孩子会因困难丧失活力与勇气,看不到色彩斑斓的世界,体会不到挑战生活的无穷魅力。

"横看成岭侧成峰,远近高低各不同",面对同一个问题,从不同的角度看,结果也就不一样。人生的逆境和失败,也是如此,遭遇逆境和失败时,要懂得换个角度看问题,换个角度,你就是

赢家。如果引导孩子懂得转换思维，换个角度去看问题，并从中得到正面的、积极的启示，就可以让孩子重拾信心，激发上进的动力。平和的心态、稳定的情绪，是家长和孩子共同的追求，这样的孩子在未来的人生中，无论是遭遇逆境还是失败，都可以乘风破浪成大器。

怎么引导孩子胜不骄败不馁，换个视角看成败？同样有三个小锦囊送给爸爸妈妈们。

锦囊一：来个小故事

古今中外，有太多胜不骄败不馁的名人小故事，我们可以把这些经典的励志故事说给孩子听。不仅是在孩子成功或失败后说，更需要将这样的小故事在日常生活中讲给孩子听，在孩子的精神世界和认知里，做好积极的铺垫和准备。

例如：卧薪尝胆的故事。

春秋时期，吴越两国相邻，经常打仗。有次吴王领兵攻打越国，被越王勾践的大将砍中了右脚，最后伤重而亡。吴王死后，他的儿子夫差继位。

两年以后，夫差带兵前去攻打越国，以报杀父之仇。两国在夫椒交战，吴国大获全胜，越王勾践被迫退居到会稽。吴王派兵追击，把勾践围困在会稽山上，情况非常危急。

此时，勾践听从了大夫文种的计策，准备了一些金银财宝和几个美女，派人偷偷地送给吴国太宰，并通过太宰向吴王求情，吴王最后答应了越王勾践的求和。

但是吴国的伍子胥认为不能与越国讲和，否则无异于放虎归山，可是吴王不听。越王勾践投降后，便和妻子一起前往吴国，他们夫妻俩住在夫差父亲墓旁的石屋里，做看守坟墓和养马的事情。

夫差每次出游，勾践总是拿着马鞭，恭恭敬敬地跟在后面。后来吴王夫差有病，勾践为了表明他对夫差的忠心，竟亲自去尝夫差大便的味道，以便判断夫差病愈的日期。

夫差病好的日期恰好与勾践预测的相合，夫差认为勾践对他敬爱忠诚，于是就把勾践夫妇放回越国。越王勾践回国以后，立志要报仇雪恨。

为了不忘国耻，他睡觉就卧在柴薪之上，坐卧的地方挂着苦胆，表示不忘国耻，不忘艰苦。

经过十年的积累，越国终于由弱国变成强国，最后打败了吴国，吴王夫差羞愧自杀。后来，人们把这个故事概括为"卧薪尝胆"，用来形容人不怕失败，刻苦自励，发愤图强。

锦囊二：来颗小葡萄

如果孩子在面对挫折打击出现很大的情绪波动，或者是面对某件事情大喜大悲，这是心理学上的恶性刺激，父母需要及时共情并干预孩子的情绪，利用酸葡萄和甜柠檬效应，将恶性刺激转换为良性刺激。此时，父母可以开玩笑地说："来颗小葡萄。"

有句古语"吃不到葡萄说葡萄酸"，就是心理学上的酸葡萄效应，也是心理学上的心理防御机制。"酸葡萄心理"是因为自己真正的需求无法得到满足产生挫折感时，为了解除内心不安，编造一些"理由"自我安慰，以消除紧张，减轻压力，使自己从不满、不安等消极心理状态中解脱出来，保护自己免受伤害。

这种效应在心理学上又称为合理化，即通过给自己找一个合理的借口，在自我感觉压力过大时，用这种方法来缓解痛苦或紧张等不良情绪，使内心获得平衡和安宁。在遭遇逆境或失败时，也可以用这样的精神胜利法，换一个角度来看待逆境或失败。

锦囊三：来种新思维

我国有句老话："塞翁失马，焉知非福。"在常人的眼中，得到宝马是好事，失去宝马是坏事，可换个角度结论却未必如此。某些时候，对于逆境或失败，我们既无法选择也不能逃避，所以就要换个角度看问题。任何事物都是具有两面性的，问题就在于当事者怎样去看待它们。再大的逆境或失败，从另外一个角度看，就可以发现它的积极意义。陪孩子一起寻找逆境或失败中的积极面，变消极情绪为积极情绪，从而走出心理困境。在现实生活中，我们引导孩子对待任何事情都要学会灵活应变，不死钻牛角尖，看待逆境或失败也应该如此。

大多数孩子上了小学后，家长对孩子的学习要求也高了。作为家长，都希望孩子日有长进，追求进步，而往往家长在不经意间，对孩子的要求变成了只"追求分数"。在学业考试中，如果孩子感到家长看重名次，希望他们胜过别人，孩子便会倾向追求名次；反之，如果孩子感到家长欣赏他们的投入程度和学习所得，孩子亦自然会以追求进步为学习目标。因此，我们引导孩子换个角度看问题的同时，也别忘记提醒自己换个角度面对孩子的成长。

表达有情商,父母需要破除的三点误区

每个父母都希望自己的孩子智商、情商双在线。父母在培养孩子情商时,需要破除这三点误区,才能在教育孩子的路上事半功倍。

误区一:溺爱与专制

每个孩子都是父母手心里的宝,捧在手里怕摔了,含在嘴里怕化了。生活中,那些溺爱孩子、包办孩子的父母仍然十分普遍。这些父母和爷爷奶奶对孩子的生活无微不至地照顾,生怕渴着了、饿着了、困着了、累着了,过度保护孩子的各个方面。

有时候,孩子摔了一跤,膝盖碰了一下,父母赶紧上前,又是吹又是拍,有的时候连眼泪都流出来了。这真让人弄不清楚,是父母摔跤了还是孩子摔跤了。在这种极其细致敏感、胆战心惊、生怕出事的教育下,孩子就会变得软弱而没有主见,事事依靠父母。孩子独立生活、独立学习、独立工作的能力得不到培养,甚至被扼制了,慢慢地孩子的性格就会被禁锢。

和溺爱一样,另外一个教育的极端是专制。现在仍有部分家

庭，尤其是"虎爸""虎妈"缺乏一些民主意识，认为"我的孩子，必须听我的"。这种专制的教育方式下，培养出的孩子严重依赖别人的意思来决定自己的想法，是外部驱动的人格，主观能动性欠缺，不敢发表自己的意见，性格比较压抑，只会服从家长的权威和专制。

一个家庭中，父母的专制事件越来越多，孩子的情商就会越来越低，因此父母应该培养孩子坚强自主的性格品质。

孩子能做的事情，一定要让他自己做。

孩子能做主的事情，一定要让他自己做主。

孩子目前还不能做或不能做主的事情，父母一定要用启发、引导、帮助的方式让他自己想办法去做。

这种教育才体现了对孩子的爱，才是真正对孩子有益的。

误区二：鼓励少，打骂多

在培养孩子的情商时，鼓励少，打骂多，也是部分父母的误区之一，这种做法对孩子情商的发展非常不利。父母首先要从自身做起，不要吝啬对孩子的夸赞，不要吝啬对孩子闪光点的发掘，在生活点滴中，在亲子情感交流中，才能不断提高孩子的情商。因此，为人父母的我们，一定要对孩子多鼓励，少打骂，并找机会放大孩子的"闪光点"，让孩子在被关注的声音中成长。

误区三：重智商，轻情商

如何让孩子变得聪明？如何让孩子考高分？如何让孩子考上理想的学校？……

在社会压力和升学压力的双重压力中，很多父母都十分重视对孩子的学业教育，甚至有的父母过分地重视智力的培养，却不注重对孩子心智的培养，对于培养孩子的情商，他们一无所知。

如果父母只重视孩子的学科学习，各种辅导班报个不停，而忽视对孩子的心智培养，那么孩子在这样的教育中，会渐渐变得冷漠、自私、焦虑、任性。如果父母重视孩子情商的培养，学习如何接纳自己、如何接纳别人、如何拥有正确的人生观、如果追求个人的价值等，那么这样的孩子反而拥有高情商，实现父母的期望。

因此，父母在重视孩子的生活是不是优越、头脑是不是很聪明、学业好不好的时候，也要重视培养孩子的责任感、合作意识、竞争意识、选择能力、承受能力、社交能力等，只有对孩子的智商和情商一样重视，孩子才会德智体美劳全面发展。

同时，培养孩子的感受能力和独立思考能力，也是一种培养高情商的表现。总而言之，父母在培养孩子情商的时候，避开三个误区，因材施教，根据孩子的不同特点，找出适合孩子的方法，正确引导孩子，才能培养出一个高情商的孩子。

 故事和游戏

你真的很不错

有调查显示,情商高是导致成功的一大法宝,很多成功人士都是高情商。所以爸爸妈妈们一定要注意培养孩子的情商。下面分享四个提高孩子情商的有趣小游戏。

游戏1:我是电台小广播

游戏玩法: 仿照中央电视台,家庭中每个成员都有一个以自己的名字命名的广播电台节目。如:爸爸广播电台,孩子的电台可以让他自己取一个名字。妈妈可以打电话,当拨到耀阳电台时,耀阳就要向全家人广播了:"我叫耀阳,今年6岁,今天是我为大家播报,我是一个很开朗的男生,希望大家可以和我成为好朋友。接下来给大家讲一些有趣的事情……"

游戏目标: 培养孩子说话时口齿清楚,让孩子不扭捏,有自信,能够独立表演一个小节目,自我介绍,结交新伙伴。

游戏2:传话筒

游戏玩法: 爸爸妈妈、孩子、爷爷奶奶站成一列。站在最前面的家长作为发电报人,可以给孩子讲一件简短有趣的事情,根据孩子的年龄决定讲述内容的长短。孩子听后告诉下一位家长,然后让这位家长说一下,孩子刚刚和自己说了些什么,再由"发电报人"进行验证。要是只有一位家长和孩子一起玩的话,可以让孩子在自己耳边复述一遍,要是不一样的话就要接受游戏惩罚。

游戏目标：在游戏中，孩子会全神贯注，避免说错，通过这种方式可以培养孩子的记忆力和专注力。

游戏3：咕噜咕噜

这个游戏适合6岁以下的孩子。

游戏玩法：爸爸妈妈们与孩子面对面站立，双手握空拳、两拳交错上下边绕圈边念"咕噜咕噜1（出示1根手指）"，家长说："一只老鼠。"两个人再绕圈并念"咕噜咕噜2（出示2根手指）"，孩子说："两瓶饮料。"该玩法可以从1数到10，数完为一个循环。

游戏目标：可以培养孩子的反应能力，还可以让孩子学会熟练使用量词，也能培养孩子思维的准确性和敏捷性。

游戏4：小小营业员

游戏玩法：准备孩子的5～10件玩具，一条围裙。

游戏目标：把玩具在桌子上摆好，家长系上围裙当营业员，跟孩子说有什么商品。家长先做示范，依次介绍商品，孩子觉得心动的话，就将喜欢的商品"买"回去，接着由孩子当营业员介绍商品，家长当顾客。

游戏进阶：可以多准备不同种类的物品，或者让孩子用语言描述一下自己手里的东西是什么样子的，让爸爸妈妈们猜。

游戏目标：培养孩子沟通与理解的能力，锻炼他们遇到人不害羞，谈吐大方的能力，还能提高孩子对物品的辨识能力。

第六章

表达有礼貌,让孩子学会从容和优雅

会表达的孩子有光芒

1
礼貌表达，是学习表达的必修课

你在生活中遇到过这样的情况吗？

电影院里，坐在后排的小孩一会儿用脚踢凳子，一会儿站起来又坐下，一会儿又大呼小叫，大声喧哗。

公交车上、地铁上，孩子在座位上跳来跳去，前后乱跑。

图书馆里，孩子跑来跑去，无视他人在看书、学习。

这样的行为让身边的人"恨"到牙痒痒，有些人甚至直接上前管教，而家长竟然视而不见，有些还出言维护，把这种举动当成孩子的天性。殊不知，这并不是孩子的天性，而是孩子缺少基本的礼仪。

很多爸爸妈妈都有这样的体验：每到逢年过节，大家聚在一起的时候，也迎来了孩子齐聚在一起的时刻，当看到别人的孩子讲文明、懂礼貌，心理不由地感叹：怎么别人的孩子那么听话，那么懂礼貌？反观自己的孩子，只能感叹一下。

"不学礼，无以立"。几千年前的孔子就告诉我们，礼教恭俭庄敬，此乃立身之本。有礼则安，无礼则危。礼是中华文化的核心，也是传统文化的精髓。除了上述几个例子中提到的公共场所中的礼仪，礼仪还包括生活中的礼仪、学习中的礼仪等。

以我的工作经历为例，我和孩子们相处了 18 年，在班级中，一个有着良好礼仪的孩子呈现出来的是积极向上、谦卑有礼的形象；而一个缺乏基本礼仪的孩子所呈现的是随意慵懒、毫无教养的状态。一个受到过良好礼仪教育的孩子独立性较强，自信心也比较强，这样的孩子在班级中通常被同学和老师尊重，受人欢迎。孩子逐渐形成健全的人格和与人交往、处事的能力，保持积极向上的心理。懂礼仪的孩子在未来的成长中，被大家接纳的程度高，有比较和谐的人际关系，关心他人，更富有同情心，朋友也更多，并且良好的素质也可以给他带来很多的发展机会。

我们有没有想过，其实孩子的文明素质是与大人息息相关的。对长辈尊敬爱戴，长幼之间关系亲密，言谈举止大方得体，这都是父母言传身教的。

父母想要培养一个孩子从容和优雅地表达，怎么做呢？

1. 父母教育孩子尊重他人。文明礼貌是一种外在的行为表现，也是人的内心修养。无论是大人还是孩子，都需要拥有内外兼修的美。

2. 父母要把握教育时机。对于孩子礼貌的行为及时表扬和肯定；当孩子做出不礼貌行为时，及时制止并予以批评。

3. 父母教会孩子掌握文明礼貌的必要的语言和行为，语言不粗俗，常使用礼貌用语。

4. 父母耐心地解释孩子提出的问题。孩子对于文明礼貌的理解，是在学习和使用中慢慢加深的。

以下这些常用礼貌用语，孩子会用哪些呢？

1. 叔叔阿姨，您好！
2. 请！
3. 对不起。
4. 谢谢！
5. 再见！
6. 您早！
7. 晚安！
8. 阿姨，请问您贵姓？
9. 请原谅！
10. 不用谢！
11. 没关系！
12. 您走好。
13. 请坐！
14. 请喝茶！
15. 请慢走！
16. 感谢您的教育！
17. 您好，请问您需要帮忙吗？

18. 对不起，让您久等了！
19. 我能为您做什么？
20. 给您添麻烦了。

还有一些从古至今一直沿用的礼貌用语，也是小学中高年级考查的内容，需要孩子掌握。

日常使用语口诀：

头次见面用久仰，很久不见说久违。
认人不清用眼拙，向人表歉用失敬。
请人批评说指教，求人原谅用包容。
请人辅佐说劳驾，请给方便说借光。
麻烦他人说打搅，不知适宜用冒昧。
求人解答用请问，请人指点用赐教。
赞人见解用高见，自己意见用拙见。
看望他人用访问，宾客来到用光临。
陪伴朋友用奉陪，中途先走用失陪。
等待客人用恭候，迎接表歉用失迎。
他人离开用再见，请人不送用留步。
欢迎顾客称光顾，答人问候用托福。
问人年龄用贵庚，老人年龄用高寿。
读人文章用拜读，请人改文用斧正。
对方字画为墨宝，自己字画用拙笔。
邀请他人用屈驾，招待不周说怠慢。

请人收礼用笑纳，辞谢馈赠用心领。
问人姓氏用贵姓，回答询问用免贵。
饰演技能用献丑，他人赞扬说过奖。
向人祝贺道恭喜，答人道喜用同喜。
请人担职用屈就，暂时充当说承乏。
对方亲眷多带令，称号己方常带家。

爸爸妈妈们，如果想用心培育知书达理的孩子，这些口诀，你值得拥有！

从语言表达到副语言表达,培养孩子的从容和优雅

在面对面的人际传播中,我们很难想象一个人只是用口说话,而不发出任何身体动作和表情;一个人只用身体动作和表情表达意思,而不说一句话,同样是不可思议的;即便是聋哑患者,也会在使用哑语时有自己的表情变化。

现代语言之父索绪尔把人类的"一切信息传播活动归结为符号传播",又把符号分为"语言符号和副语言符号。"专业体态语研究专家认为,人与人交流,在面对面的信息传播中,有 65% 是通过副语言符号传达的,由此可见副语言在语言交际中的重要性。

副语言是什么呢?副语言也称辅助语言,学习演讲表达,需要掌握和应用的副语言主要有三种:一是表情语,二是动作语,三是服饰语。

副语言表达中的表情,特别是面部表情,是人们输送和接受信息的高级中心。

心理学家曾经写过这样一个公式:

人的情感表达 =7% 的语言词汇 +38% 的声音 +55% 的面部表情。

由此可见，表情语是非常重要的传递情感和表达的方式。根据心理学家研究，人的脸部表情能做出大约 25 万种不同的表情。据统计，在著名作家托尔斯泰的笔下就出现过 85 种不同的眼神和 97 种不同的笑容。孩子学习语言表达，在与他人的沟通中，大多数的表情语是通过眼神和笑容传达的。

想培养孩子的从容和优雅，除了表情语，动作语也是绝对不可以忽视的。拥有大方得体的仪态是认识一个人的"第一印象"。不少孩子有含胸、驼背、走路拖沓等坏习惯，家长需要正确引导，及时纠正这些问题，让孩子无论在家还是在外，都能从容自信展现良好的风度。

服饰语的奇妙在于：通过人的衣着打扮，基本可以揭示出这个人的性格、爱好、性情、气质、修养等信息。服饰语也是一种表达手段，即使沉默无语，服饰作为一种符号和象征，反映表达者的追求、理想和情操。

现在的孩子，尤其是青春期的孩子，非常强调个性，追求自己独特的着装风格。喜欢穿不雷同他人的服饰，以表现自己独特的风貌及气质。在私人空间或者非正式场合，着装可以追求个性化。如果孩子需要在公开场合发言或参加活动，着装一定要得体、大方，与活动主题吻合，不穿奇装异服。

语言表达，尤其是面对面的言语对话，是表达者在清晰的、自觉主动的意识下和对方交流的，而副语言常常是不自觉的，无意识下表现出来的。意识的外化形式是语言，而潜意识的外化形式却显示为副语言。正因为如此，副语言的可控程度更低。孩子通常表现为：害羞时满脸通红，害怕时脸色苍白，手脚发抖。特别是心跳、呼吸速度、体温和身体战栗等都比其他动作更难以控制。而这些都是可以通过刻意训练来改善的。

表达有礼貌，和孩子说"请"

大人要求孩子懂礼貌，那么大人对孩子下指令需要说"请"字吗？

电梯门快要关上的时候，从大厅往电梯口的方向跑来一对母女，边跑边喊："麻烦等一下。"

我赶紧按下了电梯里面的"打开"按键，母女赶了进来。背着小小书包的小朋友三四岁的样子，应该是幼儿园才放学。小朋友朝着我说了声："谢谢，阿姨。"这位年轻的母亲也朝我微笑着点了点头。

在要下电梯的时候，小朋友再次扭过头来对我说了声"阿姨，再见。"接着牵着妈妈的手走了。从那以后，在小区里再碰到那对母女，我都会跟这个可爱又礼貌的小姑娘有说有笑。

每每看到一个有礼貌、素质高的孩子，大人都会忍不住夸赞这个孩子有家教或者这个孩子有教养。在小区见到和家长撒泼要赖的孩子，路人忍不住心里嘀咕一句："没有教养。"

相信各位家长的朋友圈里常常会晒娃，而生活中，一个有教养的孩子，就是最高级别的炫富。什么是教养？教养是在言谈举止中无时无刻都透露着的素质和修养。教养不是短时间就能达到的，需要长期培养。都说培养一个绅士需要三代人的努力，那么培养一个有教养的孩子，也需要父母耐心的坚持，做到言传身教。

如何做到正确的言传身教呢？父母请经常跟孩子说这几句话，那么，孩子在潜移默化中就能变得懂礼貌、讲规矩、有教养。让我们看看是哪几句话吧。

一、每天和孩子说"早安"和"晚安"

一句"早安"开启美好崭新的一天，一句"晚安"结束忙碌疲倦的一天。回忆一下，你一天中听到的早安和晚安都会是谁给你说的？每天听到的第一句问好，是不是小区大门口站岗的保安员对你说的"早上好"？简单的问候让人一天都拥有好心情。一个陌生人都能如此，我们作为孩子的父母，为什么不把这句简单的、温暖的问候给孩子呢？

回想一下，爸爸妈妈每天对孩子说的第一句话和最后一句话是什么呢？爸爸妈妈对孩子早上说的第一句话，绝大多数都是为了叫醒孩子的起床，催促孩子快一点。"赶快起床啦！又要迟到啦！""快一点！快一点！快点穿衣服！快一点刷牙！快一点洗脸……"很多时候，家长越是催促，孩子越觉得烦躁，因为他根本不想听大人的唠叨。

我们可不可以把早上的第一句话换成："宝贝，早安，我们要起床啦！"我相信经常在妈妈温柔的"早安"中被叫醒的孩子，一定更愿意起床去上学。而不管一天孩子有多么开心或者多么难过，在入睡前能听到父母一句暖心的"晚安"，一切的烦恼都会烟消云散，所有的快乐都会成倍增加。

每天说"早安"和"晚安"看似很简单，但坚持却很难，因为孩子总会有调皮让你崩溃的时候。可无论孩子再怎样惹你生气，请不要影响你毫无保留的，来自每个清晨和每个夜晚爱的问候。

二、大大方方说"请"和"谢谢"

有的家长传统观念比较强，总把自己放在长辈、长者的位置，觉得"我是老子，你是儿子，老子就是老子，要有威严，儿子就是儿子，要听老子的话"。这样的家长会想：我对外人说"请"和"谢谢"，我自己的孩子，我要他帮忙做点事，不是应该的吗？还需要"请"和"谢谢"这么客气吗？我说不出口。

其实，无论是自己的孩子还是外人，受到别人的帮助后，都需要大大方方说"请"和"谢谢"。

大人请孩子帮忙时，也不能忘记对孩子说一声"请"字。

"请"是尊重，而不是命令。我想每个孩子，都不希望被家长或者老师命令。做事和学习都应该是主动的，自愿的，请求别人的帮助，得到别人的肯定，最后感谢别人的付出。

先是"请"，再是"谢谢"。有了"谢谢"，才会有下一次的帮助。相信大家都有过在公交上或地铁上让座的经历，当你好心把座位让给一个需要的人的时候，得到一声"谢谢"你会感到春风拂面；倘若他直接坐下，看都不看你一眼，甚至认为你怎么不早点起来让位，我相信你应该不会有下一次让座了。帮助不是为了一句谢谢，但如果能得到对方的感谢，你才会更有动力助人为乐。

父母与孩子相处时，不要吝啬说"请"和"谢谢"，在养成教养的同时适应社会规则。

三、诚恳说声"对不起"和"没关系"

萌萌爸爸因为晚上有工作应酬，晚上到家已经很晚了。看见女儿萌萌还没有睡，连忙问："宝宝，你怎么还没睡？"萌萌看见爸爸回来了，一骨碌从床上爬起来，拿来了她最喜欢的故事书来到爸爸身边："爸爸，给我讲个故事好吗？"萌萌爸爸累得睁不开眼睛，有点不耐烦："你去找妈妈，爸爸很累了不想说故事。"萌萌低着头失落地说："可是您昨天答应我，今天给我讲故事的。"疲惫的爸爸有些生气："爸爸和你说累了，你怎么这么不懂事呢？"萌萌无比委屈地走回到房间，头蒙在枕头里哭了起来。

父母在孩子心中的地位都是十分重要的，尤其是年龄越小的孩子，对父母的一言一行越记得特别清楚。所以父母的任何举措都多少影响感染着孩子。如果某一天家长在孩子面前犯了错，或者答应的事情，因为有特殊原因没有兑现，请不要顾忌自己的颜面，一定主动认错并诚恳地说声"对不起"。爸爸妈妈在孩子犯错的时候，要求孩子承认错误；那么爸爸妈妈在犯了错误后，也需要勇于认识错误，承认错误。没有完美的爸爸妈妈，可是我们可以做最真实和勇敢的爸爸妈妈。

父母向孩子诚恳说声"对不起"，是教会孩子责任和担当，而大度地说"没关系"，是让孩子学会勇敢和包容。不光是孩子的教养，孩子的性格，更是深受家庭和谐程度的影响。不仅限于父母和孩子之间,家人之间也要相互理解和包容。现在三代同堂的家庭不少,上有老人,下有子女,父母的一言一行皆关乎着家庭的和睦。

四、乐于大方赞美"你真好看"

有教养的孩子首先会夸人。可由于中国人自古以来含蓄、内敛的传统,会主动赞美的人并不多。父母乐于大方赞美自己的孩子,能够提升孩子自信,让孩子拥有主见。

大人逗小孩都会有过这样的问题:"小朋友,我和你妈妈比谁更美呀?"高情商的孩子一定会说:"都很美。"虽说童言无忌,但赞美的话一定更受人喜欢和接纳。

"宝贝,今天你粉色的裙子配上新买的发卡真好看。"

"这个是你自己画的吗?真是让人惊喜,进步很明显呀。"

"老师说你今天帮助安慰了一个爱哭的小朋友,对吗?妈妈听到很开心。"

赞美孩子,能够让孩子充满正能量。孩子是父母的复印件,父母的话语中都是赞美的语句,孩子自然不会差。

孩子最好的老师是父母,有教养的孩子,一定有一对有修养又有素质的父母。

想要培养有教养的孩子,父母就要先做好榜样和模范,尝试着经常跟孩子说这几句话,这不是客气而是尊重。

孩子不是父母的附属品,尊重孩子,更是教养的体现。

4 懂礼貌会表达，让孩子秒变"小淑女"和"小绅士"

你的家里有过这样的场景吗？周末你邀请了好朋友或同事到家里做客，客人刚进门，你赶紧对正在看电视的孩子说："宝贝，叫阿姨好。"没想到孩子看都不看一眼，极其敷衍地不耐烦地喊了一声"阿姨好"，又继续看电视了。

你非常尴尬，连声对朋友说："这孩子真没礼貌，一会儿我就批评他。"朋友嘴上说"没必要，没必要"，但是脸上还是露出尴尬的表情。

礼仪，是一个人重要的"名片"，一个举止优雅、彬彬有礼的孩子，很容易能交到朋友，未来也更容易立足于社会。

可是孩子没有礼貌，到底是什么原因造成的呢？

其实，很多时候，孩子没有礼貌，可能是因为爸爸妈妈的教育观念和方式方法出了问题。

现实与升学的压力，让很多父母思想观念有些偏颇，认为孩子"学习好则百好"，孩子现在还小，讲不讲礼貌，影响不大，等他长大了，自然就懂礼貌了。

有的父母从小吃了很多苦,在他们的观念里,自己吃过的苦,不能再让孩子吃。所以在教育孩子的问题上,一味地宠溺孩子,一味地娇生惯养,而不注重对孩子的礼仪教育,导致孩子并不把礼貌放在心上,逐渐养成了以自我为中心,做事不考虑他人,也不考虑后果的习惯,甚至养成嚣张跋扈的性格,更别提什么文明用语、礼貌行为了。

中国自古就是礼仪之邦。孔子说:"礼之于人,犹酒之有糵也。"荀子说:"礼者,人道之极也。"德国思想家歌德也有句名言:"一个人的礼貌,就是一面照出他肖像的镜子。"这些名家的言语,无一不表现了礼貌的重要性。

在教育孩子的这条道路上,家长可以说是任重而道远。每个家长都想要一个懂礼貌的好孩子,怎样才能帮孩子变得懂礼貌呢?

答案就是这里将礼貌教育融于孩子的生活。

分享几个让孩子彬彬有礼,成为小绅士、小淑女的小方法:

一、玩中学

孩子天生好动、爱玩,没有一个孩子不爱玩游戏的。孩子在游戏中是最放松的时候,也是思维最活跃的时候,游戏中的孩子对一些道理也容易接受和信服。因此,我们可以在与孩子做游戏时,教会孩子学习礼貌。

对于年龄较小的孩子,爸爸妈妈和宝宝在玩"过家家"的游戏时,让孩子多说"请""谢谢""对不起""没关系"等礼貌用语。在玩"超市售货员"的游戏时,爸爸妈妈先和孩子约定好了,不管是谁扮演顾客或者售货员,必须要用到礼貌用语,谁的礼貌用语用得准确、用得规范，谁就是"礼貌明星"。

这种在玩中学的方式，让孩子在潜移默化中掌握了礼貌用语。

二、不代劳

生活中，我们带孩子出门，碰到了熟人，总是会下意识地就对孩子说，快叫"叔叔""阿姨""爷爷"等，这就是"代劳"式的教育方式。

"代劳"式的教育会让孩子产生父母在安排自己一切的感觉，在受人摆布的窘迫心理下，孩子很难感受到与人交往的乐趣。明明孩子主观上想和别人打招呼，但是在父母的代劳下，孩子的主观能动性被剥夺了，反而不愿意张口了。

所以爸爸妈妈在生活中要教会孩子，根据年龄和性别，对不同的人应当如何称呼对方，什么样的人该叫叔叔，什么样的人该叫爷爷，什么样的人该叫阿姨，什么样的人该叫奶奶。这样，孩子才知道，自己该怎样称呼对方，而不会因为不知该如何称呼，干脆就不称呼。久而久之，孩子就能养成打招呼的习惯，变成一个有礼貌的人。

三、做榜样

父母是孩子的榜样，孩子文明礼貌的养成与父母的教育及家庭氛围息息相关。孩子长期和父母生活在一起，父母的语言行为潜移默化地影响着孩子。"父母是原件，孩子是复印件""身教重于言教"，孩子是父母的影子，从小就很容易模仿父母。这是亲子教育里的基本认知。假设父母一边教育孩子要懂礼貌，一边又对孩子说不礼貌的语言，做不礼貌的行为，那么孩子也会模仿父母这种言行不一的行为。

所以当孩子表现出不讲礼貌的行为时,父母有必要反思一下,是否自己在礼仪方面也出了一些问题。不良的家庭氛围对孩子的影响极大。如果父母脾气暴躁,动不动就说脏话、发脾气,这样家庭里的孩子,性格能好吗?如果父母喜欢说大话、撒谎,孩子难道会诚实吗?如果父母自私贪婪,公共场所举止不雅,抠鼻子、吐痰、乱丢垃圾,孩子能讲文明懂礼貌吗?

想要孩子讲文明懂礼貌,父母首先要规范好自身的言行,给孩子营造一个良好的家庭氛围,言传身教,使孩子成为一个文明礼貌的人,提高孩子的心理素质和道德修养。

言传身教是教育孩子最好的方法,也是最容易让孩子接受教育的方法,潜移默化中让孩子学会使用礼貌用语。

因此,为了给孩子树立好榜样,父母的一言一行都要谨慎、讲究,不能有违礼仪。礼仪从小事做起,从细节做起,比如:出门在外,父母不要随地吐痰,不乱扔垃圾;有人帮助了自己,要及时说谢谢;在家里,进入孩子的房间,也要先敲门。

有了父母的示范作用,孩子遇到类似的情形,就会模仿学习,逐渐成为一个讲礼貌的孩子。

四、勤鼓励

鼓励孩子勇敢地向别人打招呼、问好。

"叔叔好、阿姨好!"有礼貌的孩子没有人不喜欢,因为良好的礼貌习惯是人际交往的前提。

其实孩子自己也是渴望得到别人的喜爱和肯定的。孩子胆怯害羞、不敢叫人,多是因为孩子性格内向,或因为家庭环境的影响。

家长要正面积极鼓励孩子和人打招呼、问好。

爸爸妈妈千万记住：不要在孩子没有按照你的要求同别人打招呼时，你为了面子而责备孩子说"这个孩子胆小"这样的话。还有的爸爸妈妈没有注意好尺度，强迫孩子、硬逼着孩子和别人打招呼。有时候孩子害羞不愿意打招呼，家长就会小声威逼孩子，没有效果就会生气呵斥："平时怎么教你的，太没礼貌了。"这样的爸爸妈妈，在生活中还是很多的。这样说不仅没有效果，还会形成恶性循环，最终让孩子给自己贴上"我没礼貌，不会打招呼"的标签，影响孩子的自尊自信，从而变得更加内向。家长千万不能给孩子负强化，而应该正面积极鼓励，给孩子做好示范，慢慢引导孩子。见到邻居、亲戚朋友的时候自己首先主动打招呼问好，然后让孩子问"叔叔好、阿姨好"。

作为爸爸妈妈的我们，在对待孩子的任何一个问题上，都别忘记要有耐心。即使孩子不愿意开口，也可以鼓励孩子用微笑的方式打招呼。微笑也是一种改变。可以这样鼓励孩子："孩子，你笑起来真好看，你的笑容可以带给别人温暖，叔叔阿姨特别开心，如果下一次见到叔叔阿姨，能够开口打招呼的话，叔叔阿姨会更开心的！"

这样和孩子沟通，经常鼓励孩子，慢慢地孩子就会从胆怯变成微笑，从微笑变成开口问好。家长还可以当着家人的面表扬和鼓励孩子："今天宝宝真棒，向邻居阿姨打招呼问好了，阿姨也夸你懂礼貌呢！"

久而久之，孩子打招呼的声音会越来越响，越来越自然，也会变得越来越自信。

五、养习惯

好习惯，益终身。从小培养孩子的礼仪习惯，让孩子的素养体现在生活的点滴中。

（一）餐桌礼仪

从小培养孩子餐桌上的礼仪。让孩子学会尊敬长辈，长辈先夹菜后，孩子再动筷子。吃饭时让孩子保持好的坐姿，不大呼小叫、乱跑乱跳，不抖腿敲筷子。

（二）电话礼仪

从小培养孩子打电话的礼仪。接起电话先问好，结束电话时不要急着挂断电话，让对方先挂断电话后，自己再挂电话。

（三）交谈礼仪

让孩子知道，与别人交谈时，眼神关注对方；别人在说话时，不可以随便打断别人的谈话，这是不礼貌的行为；等别人说完后，再发表自己的见解和看法。

（四）发言礼仪

课堂上主动举手发言。别人发言时，认真倾听，不抢话、不插话、不打断。老师邀请发言时，自己也能够勇敢、自信地大胆发言。

（五）问候礼仪

传统的拜年手势自古男女有别，这里不再赘述，主要注意一下吉拜和凶拜，别弄混了。在祝福语方面，家长可以教会孩子说"恭喜发财""新年快乐""身体健康""万事如意"之类的吉祥话和祝词。

(六)接红包礼仪

长辈给小辈红包的时候,接红包也要有礼仪,要双手接过并向长辈说声"谢谢"。如果孩子还在牙牙学语,爸爸妈妈可以扶着孩子的手,双手接过红包,然后教孩子说"谢谢"。接完红包后,千万不能当着客人面拆开,这点和西方不同,西方人会当着面拆礼物,但如果我们这样做是没有礼貌的,最好的做法是马上把红包放到爸爸妈妈的口袋或孩子的口袋里。

(七)待客礼仪

有客人串门时,家长要引导和鼓励孩子亲切、主动地和客人打招呼。如果孩子大一点,可以做些简单的招待工作,如双手递茶给客人喝,同时说"请喝茶",还可以给客人递点小零食。要让孩子明白,在大人谈话时,安静地做自己的事才是有礼貌的,来回走动或随便插话是对客人的不尊重。

当有小客人时,让孩子大方地拿出玩具和小客人一起玩。客人走时家长可以领着孩子送客人一段,家长可以和孩子说:"和××说再见,有空再来!"从孩子嘴里说出这些话也会令客人感到快乐。在这样的耳濡目染之后,孩子一定会成为一个有礼貌的小主人。

此外,还有观影礼仪、图书馆礼仪等,要让孩子清楚什么场合应保持安静、什么场合踊跃发表观点等。

六、知重要

思想层面的重视才能够使记忆深刻。孩子有礼貌不是靠家长天天叮嘱的,而是孩子在思想层面知道礼貌的重要性。没有人不希望自己是受欢迎的，尤其是小孩子。家长可以告诉孩子礼貌的重要性，让孩子知道礼貌能让自己与小伙伴之间相处得更好，让孩子知道不礼貌的行为和习惯会让别人感到不适和厌恶。家长还需要让孩子清楚：一个不懂礼貌、举止粗俗的人是很难获得他人认可的。懂礼貌是同别人交往的前提，是赢得别人尊重的先决条件。

中国有句古话："要成才先成人。"可能孩子成绩不是特别理想，可能孩子也不是智商超群，但是他可以是一个有礼貌的人，这对孩子将来的生活、事业都有一定的帮助。

疫情期间，很多大学毕业生就业压力较大，有一群大学生到一家单位应聘，众多应聘者中，不乏一些名校毕业或有较多工作经验的人，结果最后录取了一名普通大学的毕业生，他的各方面在应聘人员中都不算是最出色的，这令很多人都非常不解。经过询问得知，原来是这位学生在接名片的时候是众多人中唯一一个用双手去接的人，在面试结束后是唯一一个将座椅推回原位的人。

才华、能力固然重要，但是良好的修养和处处流露出的礼貌行为更加难能可贵，有礼貌懂礼仪，是人生、职场中的一个加分项，这样的人往往更受欢迎。

培养孩子有礼貌，不是一朝一夕就能实现的。所以我们要时刻注意抓住机会，教会孩子知礼懂礼，成为受人欢迎的小绅士、小淑女。

向古人学智慧，从中国历史经典里学习表达的礼仪

中国现代历史学家、思想家、教育家钱穆先生曾经说过："中国的传统文化之根，就是礼仪。"儿童时期是一个人的世界观、价值观和道德水准形成的关键阶段，礼仪教育从儿童开始，不仅能培养孩子的尊重心、恭敬心和感恩心，还能更好地促进孩子内心道德力量的生成，为成就谦谦君子、窈窕淑女打下基石，为孩子的心灵世界打造一盏明灯。

常言道"三岁看老"，儿时养成的习惯往往会伴随终身。我国古代十分重视儿童文明礼仪教育，针对儿童的礼仪教育几乎渗透在日常生活的各个方面，以下这些古代启蒙读物里包含的礼仪正是爸爸妈妈教给孩子礼仪的好助手，和孩子一起读一读背一背，也可以古为今用！

一、个人仪表礼仪

1. 晨必盥，兼漱口。　　　　　　　　——《弟子规》

【释义】早晨起床后，要洗脸、漱口，精神气爽，有一个好的开始。

2. 冠必正，纽必结，袜与履，俱紧切。 ——《弟子规》

【释义】戴帽子要端正，衣服扣子要扣好，袜子要穿平整，鞋带要系紧。

3. 置冠服，有定位，勿乱顿，致污秽。 ——《弟子规》

【释义】脱下来的衣服和帽子，要放置在一个固定的地方，不能到处乱丢，以免把衣帽弄脏。

二、言语表达礼仪

1. 奸巧语，秽污词，市井气，切戒之。 ——《弟子规》

【释义】不说粗俗的话语，不去沾染奸诈取巧的语言、下流肮脏的话，以及街头无赖粗俗的口气。

2. 言语忍，忿自泯。 ——《弟子规》

【释义】说话时能忍住气话，不必要的冲突、怨恨的事情自然消失。

3. 言忠信，行笃敬。 ——《白鹿洞书院揭示》

【释义】说话忠诚信实，行为笃厚恭敬。

三、日常行动礼仪

1. 父母呼，应勿缓；父母命，行勿懒。父母教，须敬听；父母责，须顺承。 ——《弟子规》

【释义】父母叫我的时候，要立刻答应，不要慢吞吞很久才答应。父母让我做事的时候，要马上去做，不可拖延或推辞偷懒。

2. 出必告，反必面。 ——《弟子规》

【释义】出门要告诉父母一声，回来要通报一声，让父母安心。

四、人际交往礼仪

1. 侍坐于先生，先生问焉，终则对。　　——《礼记》

【释义】与师长在一起,师长有所发问,要等他把话说完再回答。

2. 人不闲，勿事搅，人不安，勿话扰。　　——《弟子规》

【释义】当你要麻烦别人的时候怎么做呢？当别人正忙着没空时，不要因自己有事而去打搅。当别人身心不安时，不要为了跟人家说话而去打搅。

3. 己所不欲，勿施于人。行有不得，反求诸己。

——《白鹿洞书院揭示》

【释义】自己所不愿意做的事，不要施加给别人。自己做事未达到目的，应该从自己身上找原因。

除了经典书中的礼仪，中华民族还有很多传统礼仪，如拱手礼、跪拜礼、万福礼、叉手礼、鞠躬礼等，如果对这些礼仪不了解，可能会引发一些不必要的误会哦，有趣又讲究的古代礼仪，赶紧来了解一下。

拱手礼，又称作揖，是古时汉民族的相见礼。也是最具中国特色的见面问候礼仪。行礼时，双手互握合于胸前。一般右手握拳在内，左手在外；若为丧事行拱手礼，则正好相反。一说古人以左为敬；又一说人在攻击别人时，通常用右手，所以拱手时，左手在外，以左示人，表示真诚与尊敬。

拱手礼的正确做法是，行礼时，双腿站直，上身直立或微俯，左手在前、右手握拳在后，两手合抱于胸前，有节奏地晃动两三下，并微笑着说出自己的问候。

拜年时最好避免在着装和行礼上的中西结合的方式。如穿西装拜年时最好行鞠躬礼，而不行抱拳拱手礼或作揖，否则反差过大，让人觉得别扭。

万福礼，是古代汉族女子常见礼仪之一。唐代武则天时期，将女子的拜姿改为正身直立，两手放胸前，稍微低着头，微微动手，微微屈膝。

鞠躬礼，源自古代祭天仪式，现在慢慢已经演变成了日常礼节。行礼时弯腰、低头，避开对方视线，向对方表示恭顺和没有敌意。鞠躬礼是向人致意，表示尊敬、谢意、致歉等方面的常用礼节。

叉手礼，是地位低者向地位高者行以示尊敬的礼。在我国古代，这种行礼方式无论男女老幼都可用。叉手礼多在站立时使用，尤其是回话时常加上这种动作。

场景化表达礼仪训练,让孩子"知书达礼"

任何学习,如果只是在家长和老师的刻意强调下进行,并一定能达到很好的效果,但如果能将教育生活化、场景化,则一定能取得非常满意的效果。

家长有意识地把表达礼仪训练融入生活化的场景中,不仅可以提高孩子的认知能力、促进孩子多方面的发展,更能激发孩子的学习兴趣。

老师和家长在训练孩子礼仪方面,可以放手让孩子自己去探究。可以设置礼仪游戏,如角色扮演、情景再现等,在游戏过程中,培养孩子的思维能力、礼貌用语等,让孩子体会到交流与合作、文明礼仪的重要性。这种教学方式真正做到学习、游戏、生活的有机结合,创造快乐的学习环境,让孩子受益无穷。

例如:在以保护环境为主题的礼仪教育游戏中,要让孩子感知、观察周边的环境状况,知晓乱扔垃圾造成的危害,从而培养孩子保护环境的责任与意识,进而懂得保护环境,珍爱生命。在生活中,无形的礼仪教育能在传授知识的过程中,让孩子体验学习的乐趣,激发他们的学习热情。

另外，家长和老师可以将文明礼仪教育与生活化的故事相结合，引导孩子学习故事中的礼仪规范，让孩子听故事，有所启发和收获，并将所学知识应用到生活实践之中。具体如何做呢？

一、寻找适宜的生活化场景

孩子的行为大部分源自身边的环境反射、人物行为等。在孩子的礼仪教育中寻找熟悉的场景，轻松的学习过程将有利于激发孩子学习礼仪的积极性，从而启发孩子的心智、情感和思维。比如：爸爸妈妈扮演客人，模拟家庭生活场景，准备好圆桌、板凳、锅具、茶杯等道具，让孩子分别模拟不同的角色来做客。通过设置爸爸、妈妈、孩子等角色，让孩子学会文明用语，学会良好地沟通和交流。通过生活化游戏场景，引导孩子投入场景中，不断地提升综合素质。

二、设置礼仪情节

爸爸妈妈可以播放视频动画，模拟真实情景，与孩子一同探讨动画内容，从中学习和体会文明礼仪的重要。也可以实际模拟真实场景，如过马路时发生的真实情景：看见红灯停止行进，看见绿灯及时行进，不违反交通规则。还可以模拟孩子上学场景，和家长说再见，和老师、同学打招呼，遵守园区规则。孩子通过模拟真实情景学会处理现实情景，使自身的礼仪水平得到锻炼与提升。

三、营造礼仪情境

对于儿童礼仪教育来说，礼仪知识的吸收和掌握是关键。深入体验具体的生活，对生活场景进行有效的提问，能够锻炼孩子的理性思维能力，进而提升他们对所学知识的掌握程度。

例如：在儿童礼仪中通过设置一系列问题，分享什么、如何分享，让孩子理解分享的重要性，并让孩子能够用礼貌用语进行沟通，使逻辑思维和语言表达能力得到锻炼。

例如：在"小明星剧场"表演区，孩子们发生争执，原因是都想上台表演节目，拒绝当观众。这时，老师组织孩子们一起讨论："如果大家都去当演员了，那将会怎样？""要想演好一个节目，需要怎样做？"于是孩子们通过商量决定轮流上台表演节目，剩余孩子自觉当观众。通过这件事让孩子懂得：任何游戏都有规则，要想游戏可以顺利进行，大家必须遵循规则行事。

 故事和游戏

请你帮我一个忙

爸爸妈妈和孩子玩一玩《问路》的故事游戏。

家长：故事中的小鸭子捉不到虫子吃急得直哭时，小公鸡捉虫给它吃。后来，小公鸡落水呼救时，小鸭子及时赶来救小公鸡。它们之间互相帮助，多好呀！如果你们在生活中碰到困难了，是不是也会想到请别人帮助？

孩子：是的。

家长：那我们该怎么说、怎么做才会顺利得到别人的帮助呢？这其中可是有秘诀的哦！

家长：瞧，有个小男孩碰到困难了，他想去新华书店，可是不知道该怎么走。这时，他看见一位叔叔，就走上前问："喂，去新华书店怎么走？"（家长故意用不礼貌的声音演示）叔叔朝他看了一眼，没有理他。旁边的大姐姐听到了，说："这孩子真没礼貌。"

家长：你们知道这位叔叔为什么不理他？

孩子：因为小男孩太不礼貌了，所以叔叔不理他。

家长：如果你是这个小男孩，你会怎么问呢？

孩子：叔叔，去新华书店的路怎么走？

家长：你用"叔叔"这个称呼代替"喂"，变得有礼貌了。还有不同的问法吗？

孩子：叔叔，您好，请问去新华书店的路怎么走？

家长：你问路真有礼貌，还带了礼貌用词"请"字。

家长：这么问，叔叔愿意帮助他吗？为什么？

孩子：这么问，叔叔一定愿意帮助他。因为现在他说话很有礼貌。

家长：你从哪个词听出他很有礼貌？

孩子：他说了"叔叔""您好""请问"。

家长：看样子，我们不仅尊敬地称呼他人，还要用上礼貌用语。（家长和孩子一起回忆有哪些礼貌用语）

家长：假如你是那位叔叔，会怎么告诉小男孩新华书店的位置？

孩子模仿叔叔：小朋友，你好！你顺着这条路一直往前走，往左一拐就是书店。

第七章

表达能即兴，让孩子懂应变、更聪明

会表达的孩子有光芒

即兴表达,是检验孩子表达能力的"验金石"

你有没有这样的经历:工作中突然被点名发言;在某个重要的场合需要即兴发言或即兴演讲时却不知道该怎么开口表达,说了半天,也没说出个重点。

为什么会有这种感觉呢?那是因为有准备的发言大多数人可以做得很好,而即兴表达属于语言沟通能力中最能直接看出一个人综合素质和文化水平的技能,没有掌握即兴表达的技巧和逻辑,很难出口成章。

孩子学习表达,很重要的一点就是要培养孩子这种能让别人印象深刻的即兴表达能力。一个人的语言表达能力要提升,势必要先提升即兴表达的逻辑思维。

你说的话,是别人记住你的最快途径。

那些善于即兴表达的人,一张口就已经赢得了更多的机会。

"初唐四杰"之一的王勃,即兴做出名篇《滕王阁序》;魏晋时期的曹植,即兴写了一首《七步诗》。很多家长会疑惑:我们成年人想要即兴表达都很难,小孩子能做到即兴表达吗?

我和爸爸妈妈们分享两种即兴表达万能模板,学会这两种即兴表达的方法,无论是大人还是孩子,再加上自己以往的积累,平时多多锻炼,都可以快速提高自己的即兴表达能力。

学习这种方法前,我们首先明确一下即兴表达需要遵循的三个原则:

原则一:观点明确。我们在表达的过程当中必须要有一个中心思想或核心观点,全程都围绕着这个中心思想或者观点去表达,不要偏离,否则就会跑题。

原则二:层次分明。当我们在表达的过程当中确立了中心思想后,那么接下来的表达是需要层次分明、不断深入的。这时,我们可以用上一些序数词增强表达的层次感和条理性,如:第一、第二、第三,首先、其次、最后等。当你看听到这些序数词,是不是马上觉得我们的表达非常有层次了?

原则三:重点突出。所谓的重点突出是什么意思呢?就是我们在说一些具体的案例的时候,一定要有一些具体的数字作支撑。

在"超级表达星"的课程当中,金星老师会告诉大家:"超级表达星成立于2019年。在5年的时间当中,我们已经帮助了全国上万名终身学习者自信表达。"

有了这些数字,就会让人印象特别深刻。

了解了即兴表达的逻辑三原则之后,我们接下来重点引导孩子学会两套非常经典的逻辑表达技巧。

即兴表达技巧一:"三个一"表达法

"三个一"表达法,即一个中心、一个例子、一个祝福表达法。这个方法实操起来非常简单,而且能够用于很多的场合。

一个中心:一个中心思想。

一个例子:围绕中心思想,举一个例子或者说一段故事。

一个祝福:表达者有什么样的祝愿。

如果你问我:"看过了这本书,你有什么收获吗?"

我会说:"在学习这本书的过程中。我除了和孩子一起学习如何更好地自信表达,还了解了应该对身边最亲近的人好好说话。在我们的生活当中,其实很多人都把最好的耐心、最好的脾气、最好的表达方式留给了陌生人——我们的客户、我们的领导,而往往把最差的脾气都留给了身边最亲近的人——我们的父母、爱人、孩子,我们对他们往往是口无遮拦。在学习了表达力之后,我明白了,我们应该把最好的耐心和表达力留给身边最亲近的人。

"最后,我也祝福我们所有的爸爸妈妈们,都能够学会表达的技巧,把最好听的话说给最亲近的人,用好的表达让我们的生活变得更加幸福。"

例子中的这段话,就是按照"一个中心、一个例子和一个祝福"的原则去展开的,观点明确,层次分明,而且非常有逻辑感。

即兴表达技巧二：总分总万能模板

开始的"总"代表开门见山、亮出观点，"分"代表三个层次逻辑分明，最后一个"总"代表总结观点、意义升华。总分总的逻辑模板适合于相对复杂的事，掌握这个表达技巧，就可以层层递进、丝丝入扣地去表达。

总：开门见山、亮出观点。

先陈述观点。以时间为 5 分钟的即兴演讲为例，开篇的"总"陈述观点，时间是 20~30 秒。开篇说话要言简意赅，清晰地告诉他人自己的观点是什么，自己的立场是什么，支持／反对什么，赞同／反驳什么。

分：找出三点、逻辑分明。

找出三点论证观点的内容。可以用"关键词＋举例子"法，通过举例支持观点，时间是 2.5~3.5 分钟。这个时候要注意案例的关联性和代表性，这种关联性不仅要与主题和观点都有关联，最好还能和发言人、听众有关联，这样才能产生共鸣，博得听众的支持和理解。

总：总结观点、意义升华。

最后二次强调观点，时间是 10~20 秒。到这个时候，对于观点的逻辑解释、案例介绍已经结束了，那么再次强调观点的目的在于加深他人对这个观点的印象，提高说服力，同时也升华了立意。

假如爸爸妈妈想说服孩子好好学习，你会怎么说呢？

可能绝大多数的父母都说过这样的话："孩子啊，你一定要好好学习，如果你不好好学习，你将来可能会混得怎样怎样差。"这样的沟通方式是我们父辈传递给我们的，我们很多人小的时候都是这样被吓唬大的。

但我们发现，时代发展到今天，我们再用这种纯吓唬孩子的方式去跟一个孩子交流的话，那一定是一种失败的沟通方式。所以，我们要使用总分总逻辑模板。

首先我会说："孩子，爸爸妈妈想跟你说，你好好学习，并不是为了父母，也不是为了老师，而是为了你自己。"

接下来阐述观点：

第一，"其实爸爸妈妈非常理解，学习是一件非常辛苦的事情，每一个人学习都要吃苦。"

第二，"爸爸妈妈希望你好好学习，是因为希望你可以吃得了学习的苦，未来不要再去吃生活的苦。"

第三，"爸爸妈妈想跟你说的好好学习，是代表着好好学习的这个过程。只要你尽到自己最大的努力了，不管最终的成绩好坏都没有关系。"

最后一个"总"意义升华："爸爸妈妈想告诉你，只要你好好努力了，不管最终学习结果如何，你一定要记得爸爸妈妈永远都爱你。"

你看这个总分总的表达方式是不是层次非常分明，而且非常容易和你的孩子产生共鸣？

即兴表达的观点分享看起来很简单，但要想做到收放自如，还是比较考验人的。"三个一"法和总分总万能模板法可以涵盖绝大多数人在工作中、生活中、家庭中各种各样的场合，所以爸爸妈妈一定要陪伴孩子反复去练习。以下题目赶紧选择一个和孩子练习起来吧。

任选一个话题进行即兴表达。	1. 你这学期的学习收获有哪些？
	2. 为什么我们要坚持学习？
	3. 你最喜欢吃的一道菜是什么？

因为即兴表达的篇幅短、时间少，所以表达的过程中偶尔也会遇到证据不充分或逻辑不准确的时候，经验匮乏的人面对这样的突发情况难免会"翻车"。那么，即兴表达时该如何应对突发情况呢？这里我送出三个小锦囊。

状况一：发言过程中被突发情况打断。

锦囊一：对突发情况视而不见，听而不闻，任其自行发展。

比如：有人手机铃声响了，这个人突然站起来接电话，有人大声说了句话等，这些都不算大事。发言人自己不当回事，别人就不会当回事了。

状况二：发言结束后遇到棘手的提问。

锦囊二：按照"能回答的问题就回答，不能回答的问题就不回答"的原则处理。

首先要直面问题，不要扭扭捏捏，也不要故作聪明。日常生活中的即兴表达大都是发表观点，对于实在不便于回答的问题可以明确告诉对方"不方便回答""私下回答"或"不知道"。

状况三：发言过程中听众注意力不集中。

锦囊三：幽默化解＋互动。

在发言人讲话时，听众玩手机或交头接耳做小动作的现象屡见不鲜，要想把听众的注意力集中起来，就要多掌握一些肢体语言以及幽默风趣的表达方式。有了这些，再加上提问、互动、点评等技巧，就可以集中听众的注意力了。

在这个充满个性化和竞争的时代，即兴表达已经成为一种说话艺术与交际利器。帮助孩子掌握这项技能不仅能够激发孩子的演讲能力，还能让孩子在未来的生活和工作中多一丝色彩，生活变得轻松惬意，更能让孩子在这个时代中崭露头角。

家庭辩论赛，用辩证的观点看世界

辩论对父母而言，一定不陌生。或许有不少爸爸妈妈和孩子每天都在辩论，辩论可能发生在餐桌上，也可能发生在驱车接送孩子往返学校的路上，也可能发生在进入梦乡之前。

据说，犹太民族的孩子从很小的时候就开始练习相互辩论，老师提出一个问题，然后问"谁同意这个观点，谁反对这个观点"，同意观点的孩子要列出一二三，持反对意见的孩子要反驳一二三，然后，支持一方再对反驳意见一一给出回复。所有人，不论身份地位都可以平等地表达自己的观点，进行自由辩论。这样一种重思辨的文化非常有利于孕育各个领域的杰出贡献者。

目前，在中国很多城市，参加辩论和演讲课程已经成为孩子学习有效沟通技能的一种方式，它的好处在于：

1. 提高孩子成绩。

2. 增进家庭亲子关系。

3. 有更多的时间和同龄的小伙伴相处。

可以模仿中央电视台"大专辩论赛""新国辩"这样的辩论赛形式,在家庭中就开展这样有趣的辩论,可以不用那么正式,随时开论开辩。这种形式对于孩子思维的拓展、语言能力的提高、看世界的角度、处理问题的方法等大有裨益。会思辨是非常重要的一种能力,辩论的过程中各种观点交锋,唇枪舌剑,好不精彩!开发孩子卓越的思辨能力可以让孩子在遇到问题和困难时快速找到事情的"关键点"或"突破点",善于多维思考,才能快速梳理观点进行阐述,这对于即兴演说非常有帮助。

那么,在日常生活中,怎么才能锻炼孩子的思辨能力呢?

锦囊一:抛出问题

爸爸妈妈在晚饭后可以跟孩子讨论很多有趣的话题,话题内容不限,可以是新闻热点,也可以是孩子感兴趣的话题。

妈妈问可蓬:"人和机器人有什么相同和不同?"

可蓬说:"都有眼睛、嘴巴,都能计算……"

爸爸说:"这些都是信息的输入、输出和处理。"

妈妈问:"那不同呢?"

可蓬说:"我们会写字!"

妈妈说"其实机器也可以!"

可蓬说:"我们会吃饭!"

妈妈说:"机器人充电也一样可以维持能量。"

可蓬说:"我们会哭会笑!"

妈妈说:"这个回答好,说人类有感情更准确一些!"

……

几个回合交流辩论下来,可蓬和爸爸妈妈一起找到了很多的答案,孩子也非常喜欢这样的讨论。

锦囊二:换位思考

对于辩论而言,换位思考是一项非常重要的能力。因为针对某一个话题,你可能抽到完全对立的观点。

例如:愚公应该移山 VS 愚公应该搬家,从小事做起 VS 从大事做起……

也许你非常赞同正方观点,但是偏偏抽到了反方,这就要强迫自己寻找突破点,找论据——尽管这个过程非常困难,但也是一个非常有趣的过程。

例如:耀阳哥哥手里有一大一小两个梨,他想吃大个的,然而妈妈让他把大的留给妹妹,他虽然不情愿但还是会有一个"心理斗争过程",然后找一个"足够充分的理由"说服自己。这就是换位思考。在日常生活中尝试换位思考或者反向思考,可以让孩子脑洞大开呢!

锦囊三:调查资料

任何一个辩论都需要充分的准备。也许有的话题看上去很简单,但如果没有准备,很容易过不了几个回合就结束了。

星辰家里开展了一场饭桌辩论。

论题：小孩子应该多吃肉 VS 多吃菜。

正方：多吃肉补充优质的蛋白质，可以能让肌肉更健壮。

反方：多吃菜能补充更多的微量元素，不会变成小胖墩儿。

如果没有足够的储备知识，这场辩论赛接下来要怎么说呢？星辰爸爸带着星辰查找了很多肉和蔬菜的营养知识，这场辩论非常精彩地进行了 30 分钟。所以，一场辩论还可以让孩子学会什么是调研呢！

说到这里，是不是很想找个合适的话题和孩子来一场酣畅淋漓的辩论呢？我准备了几个孩子特别感兴趣的题目，供爸爸妈妈们参考。

辩题一：做大人好 VS 做孩子好。

辩题二：远亲不如近邻 VS 近邻不如远亲。

辩题三：小学生上网利大于弊 VS 小学生上网弊大于利。

辩题四：小学生需要上兴趣班 VS 小学生不需要上兴趣班。

爸爸妈妈们，让我们用家庭辩论赛的形式，陪着孩子从世界另一面出发，用辩证的观点看世界吧！

即兴问答，让孩子学会"快反应，慢说话"

小馨在学校是个默默无闻、很乖巧的孩子，老师布置的作业都能够高质量地完成，唯一不足的是当老师在课堂上抛出问题，询问同学们的观点和想法时，小馨就不能够很好地表达自己的观点。其实职场中有很多像小馨这样的大人，在单位里业务水平很高，总是能够优质地完成自己分内的工作，但就是不擅长临场发言。开会的时候，领导让他发表一些感想和意见，他就脑子一片空白，不知道该说什么；可是会议结束后，他就有很多想法了。爸爸妈妈们，你身边有这样的人吗？

针对突然的即兴问答，有一招可以教给孩子：快反应，慢说话。

"快反应"，是针对对方的问题，快速应答，而不能因为没想到答案傻傻地愣在原地。快反应不仅是对对方的尊重，更是自己思维能力的体现。

"慢说话"，在快反应后，意思是说我们不要急着像机关枪一样迫不及待地回答，语速过快会打乱表达的节奏，还会在没有思考全面的情况下说错话。慢说话的意思是可以稍微放慢说话的语速,边说边思考,不仅有思考的时间,还可以展现出泰然自若的表达状态,按照即兴发言表达的逻辑娓娓道来。

以下是适合小学生即兴演讲练习的35个有趣的话题,同学之间、亲子之间都可以玩起来、练起来。

1. 谁是你心中的英雄?
2. 过年对你来说意味着什么?
3. 你最大的遗憾是什么?
4. 我最自豪的事情。
5. 你最喜欢去哪里旅行?
6. 你看过最好看的电影是什么?
7. 你在学校最喜欢的科目是什么?
8. 你吃过的最好吃的一顿饭是什么?
9. 你最有趣的一次旅行是?
10. 你经历过的最恐怖的事情是什么?
11. 如果可以变成一种动物,你想变成什么?
12. 如果你必须当一星期的动物园管理员,你更喜欢照顾什么动物?
13. 如果下周世界毁灭,你会做最后哪三件事?
14. 如果你不需要睡觉,你的生活会有什么不同?
15. 如果你只能在更聪明和更漂亮之间二选一,你会选哪个?
16. 假设你可以去到××岁的时候,你会对那时的自己说什么？

17. 如果你得到了一百万美元而且必须在一个月以内花光，你会怎么支配这笔钱？

18. 如果一只企鹅进了你的房间，你会说些什么？

19. 如果可以做一件危险的事却不用承担任何风险，你会做什么？

20. 如果你可以改变这个世界，你想改变什么？

21. 做家长和做孩子哪个更有趣？

22. 你想成为谁？为什么？

23. 如果你要用一个词语来形容自己，你会选择什么词，为什么？

24. 描述一个你真心为自己感到高兴的情景。

25. 你读过的最棒的书是什么？

26. 你最喜欢什么运动？

27. 你印象最深的假期是哪一次？

28. 你最想去哪个国家旅行？为什么？

29. 你平时最喜欢玩什么游戏，为什么？

30. 你想要一个跟你完全一样的双胞胎吗？有什么好处呢？

31. 如果你可以令时光倒流，你想回到几岁的时候？为什么？

32. 如果你被选中登月，并且可以带一个人去，你会带谁？

33. 如果你可以隐身一天，你会做什么？

34. 如果你不是现在这个性别，你会……

35. 你收到的最好的礼物是什么？

教给孩子即兴表达的"六个秘籍"

你的孩子是不是一遇到校园活动、家庭聚会,就经常紧张得大脑空白、思维混乱,说话也结结巴巴、经常卡壳呢?在我们的日常生活中,即兴表达的重要性不言而喻,可以说是一项非常重要的基本技能。虽然说话的水平有高有低,但如果你的孩子能在一些重要的场合中有非常出色的即兴发言,那么对孩子整个表达力的提升、自信心的建立和对世界的感知程度,都会是非常大的帮助。孩子在变得更自信的同时,也会有更多的机遇,毕竟很多的机会都是稍纵即逝,需要我们快速去抓住的。

你想知道那些在演讲舞台上滔滔不绝、侃侃而谈的孩子,家长是通过怎样的训练才把孩子培养得那样自信的吗?我教给你孩子即兴表达的"六个秘籍"。

秘籍一:心理准备

当孩子要进行即兴演讲的时候,通常孩子是要就某个主题来表达自己的观点,在这种情况下,事前做好各种准备对于他们发表讲话有着极大的帮助。好多孩子在演讲的时候,脸红脖子粗,甚至不知道自己在说什么,这就是没有做好心理准备的主要表现。生活中可以让孩子有意识地模拟各个场合的演讲,这样才不至于出现不知道该说什么的情形。

秘籍二:特色自我介绍

如果时间允许,孩子可以在开头简单来几句自我介绍。爸爸妈妈一听到"自我介绍"几个字可能就会想:这还不简单吗?不就是:"大家好!我叫晓涵,今年八岁了,我在××学校上二年级。谢谢大家!"或者是:"我叫清河,今年六岁,我喜欢画画,很高兴认识大家。"

这样的自我介绍过于普遍,太俗套,而且没有创意。孩子的自我介绍完全可以做到新颖别致。自我介绍是要告诉大家你最与众不同的地方,那么,一段即兴表达的开头有一个极具特色的开场就显得尤其重要。

为了体现孩子的独特性,在孩子的自我介绍前面,应该有一句特色性的总结语句,比如说:"大家好,我是非常喜欢吃草莓的小清。"或者说:"大家好,我是把小猪佩奇看了150遍的小澈。"

这样一些有特色的,带有明星特质的语句,可以快速体现出孩子的特质,从而形成记忆点,让听众留下深刻的印象。同时也可以给孩子留出来一个思考的余地,为下面展示的内容做好铺垫。

秘籍三:故事接龙

平日里,用故事接龙的形式练习表达,可以训练孩子的想象力和逻辑能力。在家庭成员中就可以练习,也可以让孩子约上几个同学,随时随地练习。先由一个人开始讲故事,然后由其他人接着上一个人的故事情节接龙编故事。

孩子说:"今天早上睡觉醒来,佩奇发现自己不在家里面,而是在一片茂密的森林里……"

接下来由第二个孩子,继续把故事讲下去。

秘籍四:说熟悉的人、事、物

需要孩子即兴表达的场合,往往是突然出现的,那么孩子在没有提前准备的情况下,从自己熟悉的人、事、物出发,能够快速将话题引入自己的熟悉的领域,减轻表达紧张与焦虑。

如果让孩子讲述一下自己的爱好或特长,那么孩子由此就可以讲述爱好是什么,为什么会喜爱这项技能,以及在拥有这项技能的过程当中都发生过什么有趣的事。也正是因为这些不同于别人的经历,才使得孩子们成为一个个独特而又精彩的个体。

秘籍五:多用短句

演讲的时候,长句子说起来比较难理解,建议孩子要适当地加入一些短句。短句的使用不但简洁明快,而且能够令人印象深刻。在运用短句时,一定要事前有充分的准备,能用短句表达的决不用长句,或者把长句转化为若干短句。这样,演讲者表达的时候,首先他可以知道自己在说什么,另外,听众也会很顺理成章地被带入进去,就不会感觉到乏味无聊。

悄悄地告诉爸爸妈妈们,会灵活使用短句的孩子,一般情况下孩子的阅读能力没什么问题，语文阅读理解的正确率也很高。所以爸爸妈妈们可以在平时给孩子多安排一些阅读训练或者朗诵任务。俗话说"腹有诗书气自华"，只有饱读诗书，文章佳句才能够脱口而出。

秘籍六：引人入胜的结尾

有了好的开篇，自然少不了一个好的结尾。那么在表达结束以后，孩子还可以通过重复开场有特色的句子，来进一步强化听众的记忆点，同时完成一个表达的闭环。

以上六个锦囊供家长参考用以指导孩子；此外，家长还应该起到示范作用，只有自己做好榜样，才能让孩子看到希望。只会一个劲儿地让孩子自己苦练的家长，最好自己也可以照着上面这六个锦囊来训练，这样才可以在培养孩子的过程中，和孩子一起进步、一起成长。

其实对于孩子来说，完成一次公众场合的即兴表达并不难。家长只需要帮助孩子一起，拆解即兴表达，用好表达锦囊，并且随机应变地应用，相信即兴表达能为孩子带来更多的风采，让孩子无论在什么场合，都能自如发挥，成为人群中的亮点。

即兴表达的训练小游戏

语言是孩子智力发展的重要标志之一,平时可以多练练在生活里可以玩的即兴表达小游戏。

游戏一:我们都是小编剧

在一次语文活动课上,我带着孩子们玩起了"我们都是小编剧的"游戏。每6名同学一组,合作编故事。每位同学会拿到一个词语,第一位同学用这个词开一个故事头,后面的同学依次根据上一位同学的故事去串联自己的故事,最后一位同学给这个故事结尾。每个人发言时间大于 10 秒小于 60 秒。

第一轮开始了。第一个词是悬崖,第二个词是国王,第三个词是消失,第四个词是狗,第五个词是追,第六个词是老人。

孩子们开始说的思路比较零散,后来我引导孩子,在共同创作一个故事的时候一定要有主题,而且每个人在讲述自己部分的时候都要承上启下,不仅要接着上面的一个人把故事说圆,而且也要给后面的人留一个开口,不能到自己这儿就断了。

这个游戏连续做了两三轮，孩子们一个个笑得东倒西歪，笑了之后带来更多的是思考和收获。

游戏目的：帮助孩子学会表达时的起承转合。

游戏二：画里有什么

游戏玩法：这个游戏非常适合年龄较小的孩子。给孩子一张画，让他告诉你，他在画上都看到了什么，鼓励他描述画上的场景、人物、颜色以及他能看到的任何东西。对大一些的孩子来说，让他们想象一下，这幅画的场景之前可能发生过什么事情，再问问他们，画上的故事会向怎样的方向发展。

游戏目的：这样的游戏能帮助孩子学会有逻辑地表达。

游戏三：即兴演讲

游戏玩法：选择一个孩子熟悉或喜欢的题目，让他谈论这个题目 2 分钟。过一会儿，选择一个更难的题目让孩子谈论，并且延长时间。

爸爸妈妈可以从谈论孩子最喜欢的一部电影开始，等孩子熟练了，可以让他们谈论一些有争议的话题。

游戏目的：你的孩子越多地练习自我表达，他们在交流中就越有效率。而表达训练越有趣，你的孩子就会越乐于练习自己的表达技能。

游戏四：喂苹果酱

游戏玩法：把两个人的眼睛用布蒙起来，第三个人坐在边上，用语言指挥其中一个"蒙面人"喂另一个"蒙面人"吃苹果酱。

游戏目的：这个游戏能让孩子学会如何有效地发出指令。

注意：这个游戏很有趣，但是会把东西弄得一团糟！不要让孩子穿新衣服做这个游戏，不要在有地毯的房间做游戏。

游戏五：角色扮演

游戏玩法：设定不同的人物职业，让孩子扮演这样的职业角色，并想象这样的角色可能会在工作中如何表达。你可以选择警察、老师、法官、护士、医生、消防员、动物饲养员等职业。警察在逮捕小偷后会怎么说？消防员在处理火灾现场时会怎么说？家长还可以设定更丰富的场景配合职业角色的需要。这个游戏 3~10 岁的孩子都爱玩。

游戏目的：培养孩子换位思考以及在陌生场景中的即兴表达能力。

怎么样，上边的游戏是不是简单又有趣呢？相信这样好玩的表达训练一定可以让孩子积极参与进去。爸爸妈妈平时可以借助上面提到的游戏，调动孩子的感官，有意识地训练孩子讲话的逻辑，让孩子学会自信有魅力的表达方式吧。

即兴表达，父母需要这样去鼓励

在所有年龄段中，儿童的想象力最丰富，他们对世界的万事万物充满了好奇，充满了疑问，他们有无穷无尽的想法，父母需要做的是不厌其烦地倾听他们各种各样的想法。然而现实生活中，很多孩子不愿意表达，更别说鼓起勇气即兴表达了。

为什么孩子不愿意表达？以下三个原因或许能帮你找到答案。

一是性格原因。

孩子不愿意表达，有可能是因为孩子性格比较内向，不愿意在众多人面前表现自己。性格内向的孩子一般表现为不喜欢在大众面前交流，也不愿意表达自己的想法。

二是不够自信。

孩子不善于即兴表达，还有可能是对自己的想法不太自信，对自己即要说的内容不能确认是否正确，担心说出来之后被别人嘲笑，所以不敢表达出来。

三是焦虑恐惧。

还有少数孩子,从婴儿期至幼儿时期再到儿童时期,父母陪伴较少,或者父母要求过高,孩子的一些需求没有被好好地满足过。这样的孩子到了小学阶段,他们不善表达,内心充满恐惧,容易产生焦虑。

爸爸妈妈需要怎样做,才能有效地鼓励孩子表达出自己的想法,让他们敢于大胆地说出来呢?

一、用心倾听

孩子在 3 岁以前,表达能力还不成熟,能够完整地说一句话就很不错了,这个时候父母要用心地倾听孩子表达的意思,即便他们说得断断续续、不完整,父母也不要急着抢孩子的话,也不要替孩子说,要在不完整的句子中努力理解孩子的意思,然后用反问的方式向孩子确认他是否要表达这个意思。这样不仅能让孩子感受到自己的存在感,还能锻炼他的思维能力。孩子在五六岁时还有一段语言爆发期,这个时候,无论孩子有多"啰唆",爸爸妈妈都需要耐心倾听,不要嫌烦。

二、积极回应

孩子还小,他们能够交流的对象除了小伙伴就是父母,因此,父母不要以为孩子问的问题或者说的话无关紧要,就不予回应,这样时间久了,孩子就不敢表达了,他们觉得即使自己说了大人也不会回答他们。

所以不是孩子不表达,而是在一开始时,父母就给孩子关上了这扇门。

三、肢体引导

对于年龄比较小的孩子，父母在跟孩子说话的时候，可以配合一些肢体语言，这样不仅可以锻炼孩子的观察能力，还可以锻炼孩子肢体和大脑的协调能力，当孩子觉得自己用语言表达不出想要表达的意思时，也会用自己的肢体表达内心的想法。

四、和孩子一起即兴创作

这一点是培养孩子即兴表达非常重要的方法。即兴表达是说，即兴创作是写。同样的输出，在即兴说之前培养即兴写，可以快速提高孩子即兴表达能力。即兴创作是开发孩子智力和提高写作能力的一种非常有效的方法，因此，父母应多注意培养孩子即兴创作的能力。表达和写作一样，是可以培养灵感的，灵感有了就赶紧记录下来，这样也为口头表达积累了素材和资料。鼓励孩子"即兴"写下自己的想法，就不必在乎语法和拼写问题。打"即兴草稿"是一个练习表达基本功的好方法，这一过程可以帮助孩子发现自己对命题理解和了解的程度，并将自己的观点进行组织和阐述。

 故事和游戏

角色互换猜猜看

建议父母经常与孩子互换角色,设置一个角色互换日,相互扮演彼此一段时间,例如每月最后一个周末,或者更长时间的互换,时间越长体会就越深,效果也会越好。孩子理解了父母,就成长了。父母理解了孩子,也就不会以爱之名自以为是了,就会尝试寻找新的方式与孩子互动,直到找到最适合的那一种。这样家庭系统才会平衡,亲子问题也就自然而然地和谐了。

第八章

表达有内涵,让孩子成为『小小演说家』

会表达的孩子有光芒

1 会讲故事的孩子，表达才能有内涵

孩子进入小学后。老师和家长会对孩子的说话和写作有一个基本要求：言之有物、言之有理。这里说到的言之有物的"物"指的是内容，即写文章或讲话不空洞，有实际的内容。

小郝是一名初一学生，文化课成绩一直很优秀，尤其是理科方面。小郝一直很有自信。在一次班干部竞选活动中，原本自信满满的小郝最终获得的票数却出乎意料的低，与班长职位失之交臂，当选班长的反而是文化课成绩比小郝逊色一些的小颖。

落选的小郝有些垂头丧气，他疑惑不解地问了几位关系要好的同学，大家反馈的一致意见是：竞选演讲时，小郝的演讲状态很好，但是演讲的内容、表达的主题，远远比不过内容精彩又吸引听众的小颖。原来，小郝输在了内容表达上。

小郝竞选落选的事例也说明：同样是说话，说什么内容，是

否有内涵，是否打动人心非常关键。怎样让孩子的表达有内涵又能深入听众的内心呢？除了必备的知识储备，有一种既简单易学又适合孩子表达的方式——讲故事。反观身边的孩子和大人，会讲故事的人，表达都有内涵。

"言之有物"这项表达能力需要从小培养，因为它在孩子的学习和人际交往中都起着重要的作用。甚至在自媒体高度发展的今天，人人都可以是短视频创作者和收看者，没有一个人愿意花大量时间看完一个说了半天还说不到重点的视频，他们通常愿意选择有"干货"、有"内涵"、有"情节"的内容。

2019年，我辅导过一个女孩芊晨，她代表学校参加教育局举办的"德育文化艺术节讲故事比赛"。舞台上的芊晨表达明晰，肢体语言和表情都很自信，还不时地与台下的听众互动，落落大方，一点也不害羞。最终，孩子在比赛中获得一等奖的好成绩。

旁边的老师夸赞道："这个小姑娘的语言天赋真好！"

陪同的妈妈却摇摇头说："其实她之前特别腼腆，不爱说话，偶尔说话还磕磕绊绊。"

后来，孩子妈妈意识到了这个问题，就在网上找各种资料，她发现，让孩子学会讲故事的方法可以帮助表达能力快速提高，于是每天在家里让芊晨练习讲故事。从短故事到长故事，孩子的表达能力越来越好，渐渐地在班级里脱颖而出。

得语文者得天下。语文，顾名思义语言文字，实际上人的语言能力并不简单，它包含了好几个维度：

维度一：口语会话能力。

会话能力，就是可以表达此刻正在发生的事或者现在的情绪感受，比如：

"妈妈，我想去打球。"

"爸爸，作业我已经写好了，可以看会儿电视吗？"

会话能力是最基本也是最容易习得的能力，几乎每个会说话的孩子都能比较好地掌握。

维度二：叙事能力。

第二维度的叙事能力要高于口语会话能力。叙事能力与会话能力最大的区别，就是它谈的并不是当下发生的事，而是过去或者未来发生的事，也可以是架空虚构想象出的故事，或者是一些抽象概念。

"讲故事"属于叙事能力，可以讲述过去真实的经历，也可以虚构想象未来发生的事情。

从中我们可以很明显地看到，叙事语言对孩子来说难度更大，因为不能通过正在经历的事情和人物进行描述，而需要脱离当下语境，这就需要孩子掌握更高的抽象分析能力。

比如我们让孩子念绘本，绘本上有文字和图像作为语境，而不需要自己的想象和思考就可以理解其中的意思。但如果我们要孩子合上绘本讲述，那就算叙事能力了。

维度三：阅读和写作能力（参照本书第九章）。

千万不要小看会讲故事的孩子！

一、会讲故事的孩子更会阅读

在脱离绘本语境的情形下，孩子需要依靠自己的想象能力和表达能力，调动大脑的记忆系统组词成句。

在讲故事的过程中涉及语言的组织、节奏的变换，还要与听众共情，时刻注意听众的感受，这是一项非常考验孩子综合素质的能力。

讲故事和阅读是相互促进的,所谓出口成章,都是因为心中有墨。会讲故事的孩子,他们更愿意揣摩文字的含义,理解故事的内涵。

二、会讲故事的孩子更会思考

要想讲好一个故事,语言是基础,逻辑是骨架。

孩子讲故事的过程其实是分析故事的过程,会讲故事的孩子遇到生活的问题也会更善于调动故事里的经验,善于解决问题。

佳晨小朋友在 5 岁以前已经能够很流利地讲故事了,她每天早上都会讲一个故事,佳晨妈妈帮她拍摄视频记录下来。这个习惯一直延续到上小学,而小学时期的佳晨同学,学业成绩一直都非常好。

讲故事用到的语言组织能力、想象力、词汇、表达力,都是语文能力的指标;而且讲故事更需要良好的记忆力、通畅的逻辑能力,将观点和故事传达出去。六七岁孩子的领悟能力和知识技能处在一个飞速发展阶段,而到了 15 岁后这种能力反而会慢慢下降,因此,父母抓紧时间培养孩子讲故事的能力很有必要。

三、会讲故事的孩子情商更高

如果我们看到一群孩子围在一起,那么中间的孩子一定具有很强的叙事能力,说明这个孩子非常善于表达,能够吸引大家的关注。

没有人不喜欢有良好表达能力、语言丰富且具有吸引力的人。

会讲故事的孩子懂得用语言表达情景和情感，具有优秀的社交能力和良好的人际关系。而有强共情能力的孩子，他们处理社交关系的能力也会高于普通孩子。

父母务必保护孩子的表达欲，培养孩子讲故事的能力。

孩子说好故事的五大模型

以色列有一则古老的寓言:"故事"和"事实"来到一个村庄,人们看见"事实"就辱骂它、向它吐口水,把它赶走,但是,"故事"一来,村民们就拿出糕点、汤和肉等好吃的招待它,隆重地欢迎它。"事实"把自己的经历告诉了"故事","故事"想了想,把自己漂亮的衣服给了"事实",让它穿上再走进村庄。这一次,穿着漂亮衣服的"事实"果然受到了村民们的欢迎。

没有人愿意听道理、听事实,但所有人都愿意听故事!

讲故事的效果,远远好过苦口婆心的道理。

畅销书作家丹尼尔·平克在他的《全新思维》中提出:"未来属于那些拥有与众不同思维的人,唯有拥有右脑时代的六大全新思维能力,才能决胜于未来。"这六大全新思维能力中,"故事力"是特别重要的一项。通过讲故事透露出的信息和价值观,更容易表达你的内心,被人接受,并由此产生影响力。

看过高琳老师的《故事力》一书,在书的最后,作者给我们分享了几个简单易学的故事模型，结合平日里我带孩子们讲故事的收获，归纳了以下六种讲故事模型，分享给爸爸妈妈们。这几个模型在大多数场合里都能用得上：

1．"我是谁"的故事模型——价值观故事。
2．"我为什么……"的故事模型——动力的故事。
3．"我学会了……"的故事模型——学习的故事／失败的故事。
4．"我很牛"的故事模型——自信的故事／成功的故事。
5．"我帮助了她"的故事模型——雪中送炭的故事。

下面，我们来具体分析一下这几个模型。

一、"我是谁"的故事

孩子拿起话筒，登上舞台的第一个故事，就是"我是谁"。一段精彩的自我介绍，能让人记忆深刻。

因此，学会讲好"我是谁"的故事，也是开启美丽人生的至关重要的一步。

> **模板**
>
> ＿＿＿＿＿（价值观）对我很重要；即使面对＿＿＿＿＿（冲突，困难）；让我感觉很＿＿＿＿＿（负面的情绪）；我还是坚持＿＿＿＿＿（体现这个价值观的行为）。

第一步，说出我们的价值观，比如：阅读对我来说很重要。
第二步，说出我们的冲突与困难，比如：即使作业太多。
第三步，说出我们的负面情绪，比如：让我感觉很累。
第四步，说出体现自己价值观的行为，比如：我还是坚持每天读书，认真学习，成长自己。

这样的自我介绍，是不是很简单？

二、"我为什么"的故事

第一个模板"我是谁"是关于价值观的故事，"我为什么"则是关于动力的故事。

> **模板**
>
> 因为发生了_____（触发事件）；所以_____成为我的动力；让我热爱（想要）_____；即使面对_____（困难/冲突）；让我感觉_____（负面情绪）；我还是坚持_____（体现这个动力的行为和结果）。

三、"我学会了……"的故事

每一个人的一生，都不是一帆风顺的，有失败，但也伴随着成长。

因此，当众表达力——"我学会了……"的故事，也是值得与大家分享的。

> **模板**
>
> 当初/原本_____（没学会的某项本领）；后来/有一天_____（触发事件）；我面对_____（这件事的困难/冲突）；结果_____（失败或不好的结果）；这让我感觉_____（负面情绪）；这让我意识到_____（领悟到的道理/学习到的经验）；后来，我_____（运用道理和经验做了什么样的改变）；从此以后，我_____（已经获得或未来有希望获得成功）。

四、"我很牛"的故事

"我学会了……"的故事,是从失败中终身成长的故事;"我很牛"的故事,则是高光时刻的成功故事。

> **模板**
>
> 当初/本来_____(背景);突然/有一天_____(触发事件);我面对_____(困难/冲突),不知如何解决;这让我感觉_____(负面情绪);后来通过_____(你怎么找到的解决方案?是自己学来的,老师告诉你的,还是父母指导的等);因此我做了_____(成功的经历);最后实现了_____(成功的结果);这让我意识到_____(由此学到的道理);从此以后_____(怎么用上你学到的道理,明天会更好)。

五、雪中送炭的故事

"雪中送炭"的故事,是孩子高情商表达的故事,也是孩子共情能力增长和爱人爱己的故事。

> **模板**
>
> 我了解_____对你很重要(背景,对方的目标);然而_____(引发事件)发生了(或如果发生);会(如何)_____影响你的目标(困难/冲突);这让你感觉_____(负面情绪);我有一个方案,可以帮你_____(如何克服困难/达成目标);之后你将_____(明天会更好)。

这五个故事模型，适用在孩子初学讲故事，或者即兴讲故事还没有梳理好思路时适用。在具体实操过程中，可以按照对应的步骤梳理内容，最后形成一个完整的故事。

听故事，给孩子有趣的表达输入模式

孩子语言能力的发展可以促进孩子思维能力的发展，听故事的方法让孩子的语言能力及思维能力不断得到提升。如果家长错过了在孩子小时候听故事的培养，孩子到了4岁左右，一定不能再耽误。家长一定不要忽视听故事对孩子的积极影响。

一、听故事，训练孩子的语言

1. 爸爸妈妈给孩子讲故事首先要坚持说普通话，不要用方言，要以清晰、准确、规范的语言为孩子做好学习语音的楷模。如果父母普通话不够标准，可以借助音频软件，里面有丰富多彩的故事栏目，应有尽有。

2. 爸爸妈妈给孩子讲故事时要注重眼耳并用，注重对孩子视觉和听觉的发展。讲故事的时候，可以借助实物、家长口型示范和手势等直观方法，形象具体地向孩子示范发音，并让孩子反复地辨别和体验。

3. 爸爸妈妈在讲完一个故事后，可以把讲过的故事中生动、有趣、难忘的故事情节，根据孩子的年龄特点，编成有趣的小游戏，让孩子在轻松愉快的游戏过程中掌握语言。

二、听故事，丰富孩子的词汇

1. 爸爸妈妈在讲故事过程中，可借助表情、手势等来演示一些常见的、浅显的词，帮助孩子理解词义。

2. 爸爸妈妈讲故事时所涉及的词义要准确，尽可能浅显，鼓励孩子运用已有的知识经验来解释词义。

3. 在孩子听故事的过程中，爸爸妈妈把故事中的一些常用词让孩子用同义词（或相近词）换一换，爸爸妈妈适时地加以启发并做出积极的鼓励性评价。

4. 爸爸妈妈边讲边启发孩子填出部分关键词。

如果想丰富孩子的词汇量，可以在听故事时让孩子添上形容词。

例如：爸爸妈妈在给孩子讲《狐假虎威》的故事时，可以让孩子边听边想象，边创作。"当它张开嘴巴，正准备把那只狐狸吃进肚子里的时候，（狡猾的）狐狸突然说话了：'哼！你不要以为自己是百兽之王，便敢将我吞食掉；你要知道，天帝已经命令我为王中之王，无论谁吃了我，都将遭到天帝严厉的制裁与惩罚。'老虎听了狐狸的话，（半信半疑），可是，当它斜过头去，看到狐狸那副傲慢镇定的样子，心里（不觉一惊）。"

括号里的词语可以空出来，让孩子自己创作，爸爸妈妈及时给予评价。

三、听故事，培养孩子的表达能力

1. 听故事规范语言。孩子听爸爸妈妈讲故事时，爸爸妈妈应用亲切的语气，把故事情节生动、形象地讲述出来，尽量避免词不达意、缺乏条理，避免孩子听完之后不知道大人说什么，给孩子造成错觉。

2. 听故事模仿。孩子听故事时，应该以故事内容原有的特定环境，充分地给孩子一边听，一边模仿、练习的机会。听完故事后，爸爸妈妈引导孩子模仿故事中的对话、声音等。

3. 听故事，学复述。孩子听完故事后，爸爸妈妈可以让孩子复述故事或者其中的某个片段或情节，以听故事讲故事的方式，培养孩子的概括能力，发展孩子的创造力。

4. 听故事，编情节。在孩子听故事听到精彩处，爸爸妈妈突然中断讲述，启发引导孩子用自己的想象，创编出以后的情节。

5. 听故事，玩故事。在孩子听完一个完整的故事后，引导孩子，根据已有的知识经验，把故事"玩"起来。借助选图、拼图、绘画、粘贴图片来表达故事情节。还可以充分利用其他旧书或杂志上的图片，让孩子挑选人物、动物、景物等拼成有情节的画面，再编成小故事讲出来。

4
讲故事，父母从讲述人到倾听者

在上一节中，我们知道了父母给孩子讲故事有很多的方法。孩子在听故事的时候，父母一定要树立一种思维和意识：从给孩子讲故事到培养孩子讲故事。

从父母给孩子讲故事到培养孩子能够独立讲故事，需要怎么做呢？

一、图文结合讲述法

孩子听父母讲故事时，主要听的是故事的情节，讲故事则需要描述故事的细节。在人的大脑记忆中，图片记忆的速度和再现程度一定是超过文字的。所以，在培养孩子讲故事能力时，可以引导孩子先观察封面、文中插图，仔细了解图片内容信息，观察画面上的一些细节，引导孩子想象与联想，从而说好故事。

我在给孩子读绘本《爱心树》的时候，会带孩子一起先看封面。"宝宝，你看这一页，上面有一棵大树和一个小孩子，你猜猜他们在说什么?"我们再翻开一页:"这个孩子怎么不开心呢?"这时候我会示弱,引导孩子思考和描述。这样不断地发问,让孩子根据大人的引导去观察画面上的一些细节,培养其观察能力。

二、逐步放手补充法

不同年龄段的孩子讲故事的能力也大不相同,父母不要一味地急于求成,不可能一口吃个胖子。随着孩子年龄的增长,不断让孩子去说出自己知道的这些本该由父母说的词或者句子,让孩子通过阅读,不断训练自己已掌握的词汇和短语,即父母在陪伴孩子阅读的时候,要学会慢慢放手。与此同时,随着孩子的认知理解能力的提高,父母又必须给孩子扩展更多的知识和背景。

三、多种方式讲故事

讲故事是一种把自己的经历和经验强有力地结合的方法,它提供了解读课文叙述能力的渠道。三四岁的孩子,就可以学习讲故事了,故事的形式多样,可以是自己身上发生的趣事、复述小说、回忆听过的故事。丰富的日常经验有助于孩子讲好故事,孩子更喜欢聆听和复述个人经验。

首先,孩子讲故事很大程度上依赖于生活经验和个人体验。如何让孩子实现从听故事到讲故事的质的飞跃?父母需要给孩子提供更多表达的机会,比如对于个人情感的表达、事件的叙述,就可以通过画画来表达……

其次,孩子的表达有利于他们释放压抑的情绪,维护和巩固安全有爱的环境。这些对孩子的成长和"三观"培养都是至关重要的。

此外，父母在听孩子讲故事时，应提供需要的支持和帮助，促进孩子的发展性陈述技能，也就是表达的能力。这不仅是从听故事到讲故事的质的飞跃，也是实现孩子从输入到输出的一个必要的支持。特别要提及的是，这里的支持者不仅是父母，也包括看护者、老师等。

从讲故事到提炼观点,说出内涵

很多故事,都是通过生动的故事情节阐述某些深刻的道理。所以,家长在引导孩子讲故事时,不能仅仅停留在听情节的层面,而是顺势而为,用好这些故事,提炼故事观点、故事内涵,输出正确价值观。所以家长脑海中要有这样的意识:听故事,讲故事都可以采用"故事+观点"的做法,小故事大道理。通过讲述故事,孩子从故事中得到一些感悟,形成某种观点,也为上学后学习写作打下坚实的基础。

那么怎么提炼故事里的观点呢?我归纳出"3+3"公式,即三个步骤+三种方法。

三个步骤:

第一步:阅读全文,弄清大意。

第二步:舍次留主,抓住关键。

第三步:分析推导,提炼观点。

三种方法:

一是因果推导法。

二是比较分析法。

三是归纳总结法。

三个步骤和三种方法需要结合起来运用。

一、因果推导法

相传宋仁宗年间，深泽某村，一个只有母子两个人的家庭，母亲年迈多病，不能干活，儿子王妄，三十岁，还没娶上老婆，靠卖些草来维持生活，日子过得很苦。

这一天，王妄跟以往一样到村北去拔草，无意之中，发现草丛里有一条七寸多长的花斑蛇，浑身是伤，动弹不得。王妄动了怜悯之心，把它带回了家，小心翼翼地为它冲洗涂药。蛇苏醒后，冲着王妄点了点头，表达它的感激之情。母子俩见状非常高兴，赶忙为它编了一个小荆篓，小心地把蛇放了进去。从此，王妄母子俩对蛇精心地护理，蛇的伤口逐渐痊愈，蛇身也渐渐长大，而且总像是要跟他们说话似的，很是可爱，为母子俩单调寂寞的生活增添了不少乐趣。

日子一天天过去，王妄照样打草，母亲照样守家，小蛇整天在篓里。一天，小蛇觉得闷在屋子里没意思，便爬到院子里晒太阳，让人意想不到的是，蛇被阳光一照，变得又粗又长，有如大梁，撞见如此情景的王母惊叫一声昏死过去。等王妄回来，蛇已回到屋里，也恢复了原形，却用人类的语言着急地向王妄说："我今天失礼了，把母亲给吓死过去了，你赶快从我身上取下三块小皮，再弄些野草，放在锅里煎熬成汤，让娘喝下去就会好。"

王妄说:"不行,这样会伤害你的身体,还是想别的办法吧!"花斑蛇催促着说:"不要紧,你快点,我能顶得住。"王妄只好流着眼泪照办了。母亲喝下汤后,很快苏醒过来。母子俩又感激又纳闷,可谁也没说什么。王妄再一回想每天晚上蛇篓里放金光的情形,更觉得这条蛇非同一般。

话说宋仁宗整天不理朝政,宫里的生活日复一日,没什么新样,他觉得厌烦,想要一颗夜明珠玩玩,就张贴告示,谁能献上一颗,就封官受赏。这事传到王妄耳朵里,回家对蛇一说,蛇沉思了一会儿说:"这几年来你对我很好,而且有救命之恩,总想报答,可一直没机会,现在总算能为你做点事了。实话告诉你,我的双眼就是两颗夜明珠,你将我的一只眼挖出来,献给皇帝,就可以升官发财,老母也就能安度晚年了。"王妄听后非常高兴,可他毕竟和蛇有了感情,不忍心下手,说:"那样做太残忍了,而且你会疼得受不了的。"蛇说:"不要紧,我能顶住。"于是,王妄挖了蛇的一只眼睛,第二天到京城,把宝珠献给皇帝。满朝文武从没见过这么奇异的宝珠,赞不绝口。到了晚上,宝珠发出奇异的光彩,把整个宫廷照得通亮,皇帝非常高兴,封王妄为大官,并赏了他很多金银财宝。

不料,西宫娘娘见了,也想要一颗。不得已,宋仁宗再次下令寻找宝珠,并说把丞相的位子留给第二个献宝的人。王妄想:我如果把蛇的第二只眼睛弄来献上,那丞相之位不就是我的了吗?于是到皇上面前说自己还能找到一颗,皇上高兴地把丞相的位置给了他。可万没想到,王妄的卫士去取第二只蛇眼时,蛇无论如何不给,说非见王妄才行,王妄只好亲自来见蛇。蛇见了王妄直言劝道:"我为了报答你,已经献出了一只眼睛,你也升了官,发了财,就别再要我的第二只眼睛了,人不可贪心。"王妄此时早已鬼迷心窍,哪里还听得进去,厚颜无耻地说:"我不是想当丞相吗?你不给我怎么能当上呢?况且,这事我已跟皇上说了,官也给了我,你不给不好收场呀,你就成全了我吧!"说完他执意要取蛇的第二只眼睛。蛇见王妄变得这么贪心残忍,早气坏了,就说:"那好吧!你拿刀子去吧!不过,你要把我放到院子里再去取。"王妄早已等待不得,对蛇的话也不分析,一口答应,就把蛇放到了阳光照射的院子里,转向回屋取刀。等他出来取蛇眼时,蛇身早已变成了大梁一般粗壮,蛇张着大口冲他喘气,王妄吓得魂都散了,想跑已来不及,蛇一口就吞下了这个贪婪的人。

根据上面的故事,我们分三步进行。

第一步,阅读全文,弄清大意。这是一则寓言故事,讲的是卖草人王妄救了一条受伤的小蛇,小蛇为了报答王妄的救命之恩,牺牲自己的一只眼睛帮助王妄升官发财,结果王妄更加贪婪,为了获得丞相之位,希望挖掉小蛇的另一只眼睛,结果被蛇一口吞下,丢了性命。

第二步,舍次留主,抓住关键。王妄的最后结果是什么?是什么原因导致蛇一口就吞下了王妄呢?文中结尾一针见血地指出了:"王妄这个贪婪的人"。

第三步,分析推导,提炼观点。导致王妄被蛇吞了的原因,是王妄经不起考验和诱惑,原本善良的人,在功名利禄面前失去了理智。他虽然也曾经与诱惑抗争，但是他的善良没有能坚持到底，因贪婪之心越来越大而最后丢了性命。依照上述诸多原因可提炼出以下观点：

1. 贪婪＝自取灭亡。
2. 人的欲望无止境。
3. 要立场坚不动摇。
4. 保持善良的本心。

由以上分析可知，因果推导法是由材料的结果出发，向上逆推出事情的原因，就其原因而提炼出观点。

二、比较分析法

越王勾践的故事

公元前496年，吴王阖闾派兵攻打越国，被越王勾践打得大败，阖闾也受了重伤，临死前，嘱咐儿子夫差要替他报仇。夫差牢记父亲的话，日夜加紧练兵，准备攻打越国。过了两年，夫差率兵把勾践打得大败，勾践被包围，无路可走，准备自杀。这时谋臣文种劝住了他，说："吴国大臣伯嚭贪财好色，可以派人去贿赂他。"勾践听从了文种的建议，就派他带着珍宝贿赂伯嚭，伯嚭答应和文种去见吴王。

文种见了吴王，献上珍宝，说："越王愿意投降，做您的臣下伺候您，请您能饶恕他。"伯嚭也在一旁帮文种说话。伍子胥站出来大声反对道："人常说'治病要除根'，勾践深谋远虑，文种、范蠡精明强干，这次放了他们，他们回去后就会想办法报仇的！"这时的夫差以为越国已经不足为患，就不听伍子胥的劝告，答应了越国的投降，把军队撤回了吴国。吴国撤兵后，勾践带着妻子和大夫范蠡到吴国伺候吴王，放牛牧羊，终于赢得了吴王的欢心和信任。

三年后，他们被释放回国了。勾践回国后，立志发愤图强，准备复仇。他怕自己贪图舒适的生活，消磨了报仇的志气，晚上就枕着兵器，睡在稻草堆上，他还在房子里挂上一只苦胆，每天早上起来后就尝尝苦胆。他派文种管理国家政事，范蠡管理军事，他亲自到田里与农夫一起干活，妻子也纺线织布。勾践的这些举动感动了越国上下官民，经过十年的艰苦奋斗，越国终于兵精粮足，转弱为强。而吴王夫差盲目力图争霸，丝毫不考虑民生疾苦。他还听信伯嚭的坏话，杀了忠臣伍子胥。最终夫差争霸成功，称霸于诸侯。而这时的吴国，貌似强大，实际上已经是走下坡路了。

公元前482年，夫差亲自带领大军北上，与晋国争夺诸侯盟主，越王勾践趁吴国精兵在外，突然袭击，一举打败吴兵，杀了太子友。夫差听到这个消息后，急忙带兵回国，并派人向勾践求和。勾践估计一下子灭不了吴国，就同意了。公元前473年，勾践第二次亲自带兵攻打吴国。这时的吴国已经是强弩之末，根本抵挡不住越国军队的强势猛攻，屡战屡败。最后，夫差又派人向勾践求和，范蠡坚决主张要灭掉吴国。夫差见求和不成，才后悔没有听伍子胥的忠告，非常羞愧，就拔剑自杀了。

第一步，弄清大意。这个故事讲的是越王勾践从失败到打败吴国的过程及结果。

第二步，比较异同。吴王夫差和越王勾践的对比。

1. 面对失败的不同做法。

勾践被包围，无路可走时，没有选择轻生，而是忍辱负重、卧薪尝胆，为后面的胜利蓄积能量。吴王夫差面对失败选择了羞愧，拔剑自杀。结束了生命，什么都没有了，更不可能有绝地反击的机会。

2. 对忠臣的态度不同。

吴王夫差打仗获胜时，自以为是，认为越国已经不足为患，几次不听忠臣伍子胥的劝告，答应了越国的投降，把军队撤回了吴国，最终祸国殃民，酿成大祸。

越王勾践打了败仗被包围，无路可走时，听从了谋臣文种的建议，从而保住性命，励精图治。

第三步，提炼观点。

通过故事情节的叙述，以及故事人物的比较，可以得出如下观点：

1. 生于忧患死于安乐。

2. 要防患于未然。

3. 和平环境里更要具有忧患意识。

比较分析法，是将不同的材料或材料的不同方面做比较，判断其利弊得失，由此得出结论或观点。

三、归纳总结法

绵羊开店

绵羊先生开了一家理发店，刺猬第一个光临，绵羊给它烫了一个跟自己一样的卷发,刺猬气坏了,因为它的头发是防御武器,这下可没用了,于是告到工商局,绵羊的营业执照被吊销。

绵羊只好改开缝纫店,乌鸦第一个来照顾生意,绵羊给它缝了身跟自己一样的白衣服,而乌鸦的家族从来就忌讳白衣服,于是乌鸦以"恶意伤害"之名起诉绵羊,绵羊的营业执照再次被吊销。

屡败屡战的绵羊接着又开了家饮食店,狐狸是第一位顾客,绵羊给它做了一份炒青菜,而狐狸一贯吃荤菜,从不吃素菜,后果不难预料,绵羊又被吊销了营业执照。

第一步,这是一则寓言故事,讲的是绵羊三次开店均以失败告终的事。

第二步,绵羊三次开店为什么失败了呢?给刺猬烫发,使刺猬失去了防御武器;给乌鸦缝白衣,犯了乌鸦家族的"忌讳";给狐狸吃青菜,有故意作弄之嫌。通过分析,我们不难发现,一切从自己的主观愿望出发而不顾实际情况,只能是屡战屡败,不仅害人,自己也得不偿失。由此可以提炼出以下观点:

1. 实践是检验真理的唯一标准。
2. 凡事要实事求是。
3. 一切要为他人着想。
4. 不能一刀切。

由上可知,归纳总结法是从同一材料的不同方面或从不同材料的共同点进行归纳,找出其本质特点,以此来提炼观点。

6 会演说的孩子，赢得美好未来

很多爸爸妈妈聊教子话题里，绝大多数都是如何培养孩子的学习兴趣、如何提高孩子的学习成绩等与学习相关的话题。近年来，一些爸爸妈妈也格外注意培养孩子的综合素质，尤其注重培养孩子的口才。因为这些爸爸妈妈知道：会演说的孩子，才会赢得美好未来！

口才要有多重要就有多重要。古人说："一人之辩重于九鼎之宝，三尺之舌强于百万之师。"历史上靠口才打天下、战败对手的人有很多，比如诸葛亮舌战群儒、晏子使楚展辩才、蔺相如渑池之会……可谓不胜枚举。

口才的作用小到可以更好地展示自我，大到可以安邦定国。不要以为你的孩子将来不当政治家，不做外交家，不当老师，不做主持人……就可以不重视口才。我们现在不是置身于"老死不相往来"的封建社会，人与人之间的交往日渐频繁，地球都变成了一个"地球村"，语言交流成为现代人类交往的必要工具。我们的孩子长大后要推荐自我，进行工作沟通、人际交流、协调关系、汇报工作、交流经验，等等，都离不开语言表达。纵观很多企业家如马云、刘强东、董明珠等，哪一位不是演讲高手？很多单位的领导，哪个不是拿起话题滔滔不绝？只有说得正确、清楚、明白，打动人心，才能有效地与他人互相交往、交流思想、相互协作，做好工作。

因此，无论你从事何种职业，只要置身于人群中，哪怕只是简单的日常交往，也需要具备好口才。有了口才就会加快我们做事成功的速度，提高我们成功的概率，而且关键时刻能够起到关键的作用。应该说，语言表达以及交际能力已经成为现代人必备的重要能力之一。

亲爱的爸爸妈妈们，在你的眼睛紧盯着孩子学习的时候，关注着孩子成绩的时候，请不要忽视对孩子语言表达能力的培养。

如果你的孩子特别愿意表达，甚至缠着你说个不停，此时此刻，你千万不要嫌孩子烦，而要感到自豪，接下来的工作就是如何引导孩子不仅愿意表达，还要会表达；如果你的孩子不愿表达，也千万不要拿"沉默是金"来表示赞许，而要想办法让孩子开口表达，能表达、会表达。

在静璇很小的时候，静璇妈妈就坚定地认为表达能力强的孩子，未来一定不会差，静璇妈妈带着这样的认识培养女儿静璇的口才。所以今天的静璇可以站在安徽卫视少儿春晚的舞台上，面对几千人主持晚会，与人交流时侃侃而谈。

在静璇小时候，妈妈就有意识地训练静璇的说话能力。在静璇两三岁的时候，静璇想请妈妈帮她拿一个苹果，她就直接说道："妈妈，苹果！"并且指了指水果篮。没想到早就心领神会的妈妈看了看静璇,并没有帮她拿苹果,而是让静璇把话说全。无可奈何,静璇只能完整地说:"妈妈,请你帮我把那个苹果拿过来,谢谢!"妈妈乐了,随即"奖励"了静璇一个大大的苹果。

由于妈妈的精心培养和教导,静璇从二年级开始,每年主持学校的联欢晚会、六一晚会、升旗仪式、校园红领巾广播站等,每天中午静璇的声音都会回荡在校园里,这不仅使她积累了经验,还锻炼了她的口才。

 故事和游戏

今天我是演说家

游戏一：主题演讲

每天或每周选择一个主题，让孩子准备并发表一段关于该主题的演讲。这可以帮助他们学会收集信息、组织思路并清晰地表达出来。

游戏二：猜词游戏

父母或老师准备一些词汇，让孩子通过肢体语言或口头描述来表达这些词汇的意思，然后让其他人猜。这不仅可以锻炼他们的表达能力，还可以提高他们的词汇量和语言理解能力。

游戏三：模拟法庭

让孩子扮演法官、律师等角色，模拟真实的法庭场景进行演讲。这可以锻炼他们的语言表达和表演能力。

游戏四：演讲接龙

父母或老师先来一段即兴演讲，然后让孩子接着讲，可以要求他们用自己的语言和思路来讲述。这可以锻炼他们的即兴思维和语言表达能力。

游戏五：传电报

一个孩子在另一孩子耳边讲一些有趣的电报内容，如一个小故

事，或是近期家里发生的一件事，孩子听后传给下一个人，依次传递，最后一个人说出听到的内容，发电报人进行验证。

通过这些小游戏，孩子可以在轻松愉快的氛围中练习即兴演讲，提高自己的语言能力和表演技巧，锻炼快速反应能力、复述能力、表述能力。

第九章

表达有文采,让孩子既会说,更会写

会表达的孩子有光芒

1
优秀人才的两大技能——说话和写作

当今社会,关于"优秀"的定义,越来越广泛,标准也越来越多。望子成龙、望女成凤是大多数家长的心愿,都希望自己的孩子赢在起跑线上。回想一下:各行各业优秀的人才和领导者是不是都具备两大技能——出口成章、下笔成文?一个全面发展的孩子离不开三个优点:一是会学习;二是会写文章;三是会说话。这值得每个家长认真思考。我们需要剖析孩子的性格和特点,因材施教、对症下药,有的放矢地培养孩子的说话和写作能力。

一个学生"听、说、读、写"的能力概括起来有两层含义:一层是书面表达能力,另一层则是口语表达能力。就语文学科而言,《义务教育语文课程标准》是由教育部制定颁发的,用纲要形式规范语文课程的指导性文件;孩子们所用的全国统一的语文教材的编写、教师每一天进行课堂教学、对学生进行的语文素养和成绩的评估,以及孩子们从小学到初中到高中的每一个学期期末考试、重要升学考试等命题,都是以《义务教育课程标准》为依据的,可见它的重要性。而 2022 年新版的《义务教育语文课程标准》中强调了学生语言文字的运用,包括生活、工作和学习中的听说读写活动以及文学活动。"学会倾听与表达,初步学会用口头语言文明地进行人际沟通和社会交往。能根据需要,用书面语言具体明确、文从字顺地表达自己的见闻、体验和想法。"并对不同年级的学生"说话"和"写作"的能力做了层层递进的要求。从这个国家教育纲领性文件要求可以看出,国家培养人才的要求和需求的重点和方向。单从家长担心孩子就业的角度考虑,孩子掌握了说话和写作两大技能,还愁找不到工作吗?

孩子进入小学阶段开始学习,作业整洁美观,作文流畅生动,会让人赏心悦目;说话有条理、有逻辑,则会让人认为这孩子有主见、有思想。没有哪个孩子一出生就会表达,表达力是后天培养出来的能力。每一个孩子从出生"咿呀学语"到听爸爸妈妈讲故事,幼儿园老师说童谣、唱儿歌,再到上小学之后学拼音、学词语、学句子、学写作,再到当众演讲,表达自己的看法或者观点,这其实就是一个慢慢学会表达的过程。

亲爱的爸爸妈妈们,你家孩子目前阶段的说话和写作技能是否可以达到以下程度?

首先,言之有物。通俗地讲就是要能说出具体的内容,写出具体的内容。说一段话,或者写一篇文章,告诉别人写的是什么,或者自己有什么样的想法。当然,无论写的是人、物,还是表达自己的观点、想法,都要说清楚、说具体,不要说或者写自己不懂的、不清楚的、模棱两可的东西,更不要说大话、空话、虚话、假话。

其次,有条理,言之有序。无论是说还是写,都要能够先把中心意思表达出来，围绕着中心安排好开头、中间、结尾，开头怎么布局，中间如何过渡，结尾如何收场，都要精心设计，确保前后连贯，表述清晰。

再次，擅长遣词造句。开口之前，下笔之际，能够在脑海中迅速找到合适的词语，并且能够快速将这些词语组织好，面对任何语言环境，都能够做到语句通顺，表达生动，文能切题，词能达意。

最后，拥有良好的表达习惯。良好的表达习惯主要特征有：积极思考，思路清晰；观点清楚明了，针对性强；言语生动，感情真挚。说话时落落大方，谈吐优雅；写作时下笔从容，行云流水。

从应用学的角度来说，说话就是写作的口语化，写作就是说话的书面化，这二者是相辅相成的。所以说，一个孩子也好，一个大人也罢，如果拥有了说话和写作两大技能，无论是学习还是做事，往往都能起到事半功倍的效果，不仅能给自己树立自信心，还能通过语言表达让别人信服。

从会说到会写,打通两者之间的"任督二脉"

看过武侠小说的人都知道,武侠小说中常说打通"任督二脉"后,武功可以突飞猛进,甚至可以习得绝世武功。当然,武侠小说毕竟是虚构的。现实生活中,孩子进入小学后,很多家长和老师最头疼的一件事就是孩子不会写作文。有些孩子日常虽然"能说会道",可是一写作文,就开始犯难了,拿着笔在书桌前呆呆地坐着,一会儿眉头紧锁低头思考,一会儿急得直抓脑袋,就是不知道该如何下笔。还有的孩子每次挤牙膏似的挤出一篇文章,无论你做什么引导,惜字如金,不愿意多写一个字。

对于这些孩子来说,"说"和"写"之间就好像产生了一条不可逾越的鸿沟,这就好比武侠小说中,没有打通"任督二脉",自然也就习不成高深的武林绝学。

如何打通孩子从说到写的"任督二脉"呢?

孩子怕写作文的主要原因是不知道写什么。语文老师也很困惑:为什么有那么多鲜活的材料,孩子还是觉得没东西写?或者写的大多是陈旧、单一的内容呢?这就像是一个没有打通"任督二脉"的人在练武功，每日在练但就是长进不大。

第一招：触景生情

这里的"景"，是指生活的场景，以及看"景"的角度。

引导孩子从多角度触摸自己熟悉的生活情景，回忆自己真实的生活体验。例如：孩子要写一篇关于班级跳绳比赛的文章，引导孩子从不同角度触发真实体验。可以先从"写作内容"的角度引导孩子思考班级跳绳比赛可以写什么，然后和孩子一起就"跳长绳比赛"这个素材聊一聊可以怎么写。在交流中，引导孩子从"赛前、赛中、赛后""啦啦队""运动员""老师"等不同角度谈谈自己的思考，这样写出来的作文，内容鲜活，角度新颖。通过这个"写作视角"的沟通，可以让孩子明白：苹果核也可以像五角星一样。我们生活中的很多事情如果变换视角看待，就会有很多新颖的发现和独特的感受，这种体验和感受就是你独一无二的写作宝藏。此外，还可以引导孩子在写作时，学会由此及彼，前后勾连，不断联系比较，发掘并提炼出平常小事中的"价值点"，让普通的材料变得有价值，变得值得写。

第二招：触类旁通

如果说第一招"触景生情"主要是引导孩子在熟悉的生活情景（境）中触发自己真实的生活体验，那第二招"触类旁通"就是引导孩子关注已经学过的语文课文、已经读过的文章，开始调动自己的"阅读经验"。我们知道，生活经验有直接经验和间接经验两种，有些生活虽然不是自己真实经历过的，但是也能触发我们的情感。

例如：孩子们在五年级学习了一篇关于母亲的课文《慈母情

深》，我们可以和孩子聊一聊这篇课文其中的一个片段，引导孩子关注并交流这篇文章中，母亲言行背后的"价值点"和不同的写作视角。之后，我们可以引导孩子从课文延伸到生活，由课文中的母亲思考生活中自己的母亲，并让孩子选定一个视角，把感触写下来。经过思考和感悟后，孩子才能够真正发自内心地写出真情实感。

所以，无论是"触景生情"还是"触类旁通"，关键是想方设法让孩子触摸生活，激发体验。我们要让生活成为孩子写作的源泉，唯有这样，才能真正打通孩子写作的"任督二脉"，有效提升写作训练的效果。

第三招：培养兴趣

对于年龄较小的孩子，一定是以培养写作的兴趣为主。生活体验是写作的基础，孩子最开始的作品都会写一些自己的事，然后才是写一些想象中的故事。父母可以为初学写作的孩子做以下事情，比如：定期给孩子大声朗读，引导他们读一些诗歌、文学、散文和好的时事报道。

对于任何年龄段的孩子，都要鼓励他清楚地表达自己的想法。在读完一个故事后可以向孩子提问："你能不能说出这个故事中讲述的最重要的是什么？你怎样用自己的语言来描述此时的感受？"练习描述日常景象和事件对孩子来说是非常有益的。

当孩子足够大时，父母可以给他写字条或者写信。虽然在科技发展的今天，大家都用手机、电脑、平板进行交流沟通，写字条和写信的越来越少，但我们可以把这项传统方式重新拾起来，作为一种亲子沟通的渠道。父母给孩子写信，也要求他写回信。

开始时，年龄小的孩子，可能用画图的形式回信，甚至乱涂乱画，渐渐地孩子就会改用文字书写。还要给孩子创造一个书写环境，准备一个"写作桌"，放上纸张、铅笔、蜡笔等。此外，鼓励孩子从报纸杂志上剪下感兴趣的图片或段落。对孩子写出的任何东西都要表示出欣赏，因为孩子创造的欲望会在父母的鼓励下变得更加高涨。

多个方法,提升孩子遣词造句的能力

造句是孩子学习语文的一项基本功,对孩子的思维训练有极其重要的作用。为有效提高孩子的造句能力,我们可以试试以下方法:

一、句子补充法

小学低年级的孩子,一般很难将一句话讲完整,他们往往只会把一些词语组合在一起。

比如,老师让孩子用"美丽"造句,一个孩子就写"我看到一个美丽的草原",句子没有语病,但并不算完整。于是我们可以引导孩子发现句子的不足,并加以纠正,孩子修改后:"我看到一个美丽的草原,一碧千里,我在这蓝天白云下的广袤草原,跟着牛儿羊儿一起奔跑。"在训练孩子造句的过程中,我们要引导孩子把句子说具体、写具体。从语文语法的角度来说,就是要求孩子在说出一个完整句子的基础上,在句子的组成部分的前后加上定语、状语、补语等修饰成分。

如果孩子一开始不能把句子说具体，不会使用定语、状语、补语等修饰成分怎么办？我们可以通过提问的方法来引导孩子造句。以上面的"美丽"造句为例，我是这样引导的："你觉得什么最美丽？"孩子回答："大草原。""那美丽的大草原，你远远望去还有什么感受？""特别大。""特别大的草原是什么颜色？草原上有什么呢？""大草原是绿色的，上面还有可爱的牛和羊。""那你走进这绿色的大草原，你想干什么呢？"孩子又回答："我想和马儿、羊儿、牛儿一起在草原上奔跑。"于是一句较为完整的话出来了："我看到一个美丽的草原，一碧千里，我在这蓝天白云下的广袤草原，跟着牛儿羊儿一起奔跑。"随着我的问题的深入，孩子说出的句子修饰成分逐渐增多，表达的意思也越来越明白、越来越具体。这样依次展开的引导，既让孩子深入理解了造句的方法，同时又让孩子的思维多向发展。

二、词语搭配法

孩子会造句的前提一定是建立在对词语的理解基础上的，所以我们一定要先让孩子理解词语意义，再做好词语搭配，最后进行句子延伸。

在教学过程中，有些词语确实很难向低年级的孩子解释清楚，孩子不理解，当然就不会用了。这时候怎么办呢？我们可以做的是引导孩子多听、多看。词语见多了、听多了，自然就能凭着感觉去理解它的意思，并能运用。学习氛围浓厚的家庭会给孩子耳濡目染的学习方式。"耳濡"，即平时给孩子多听一些少儿故事，尤其要听名人励志故事，里面多是大白话，孩子自然能听懂，也能听到许多有趣的遣词造句，自然而然词汇量就变大了。"目染"，即平时多和孩子做一些亲子阅读,早阅读早启智。

孩子年龄较小的时候,可能不认识几个字,需要家长读给孩子听;孩子进入小学了,有了一定的识字量,就可以培养孩子自己阅读。在这个过程中,你会慢慢发现,很多词语不用家长解释,孩子看到或听到的次数多了,自然而然就理解了,只需家长或老师稍加引导,孩子造句基本不成问题。

三、联系生活实际法

和写作文一样,造句也需要建立在一定的生活经历基础上,这对年龄较小的孩子来说有一定的难度,所以我们可以做的是,引导孩子学会去感受和记录生活。可以让孩子养成记日记的习惯,每天让孩子在日记本上写上几句话,记下每天的所见所思,随着日记内容的增多、思维的增长,孩子能感受到的生活自然就多了,感受的东西多了,能表达的东西自然也就多了。

四、词语归类法

很多孩子平日里也喜欢阅读课外书,积累了不少词语,可是一到用的时候,就像茶壶里煮饺子——倒不出来了。要培养孩子遣词造句的能力,就必须让孩子除了记忆词语,还需要恰当地用起来。怎样做到又会记又会用呢?词语归类是一种特别好的方法。

下面是郑老师整理的部分词语归类,供孩子们记录和运用。

(一)常见的叠词

AAB 式:聊聊天/谈谈心/拍拍手/说说话/跳跳舞/洗洗脸/下下棋/唱唱歌/打打球

ABB 式：亮晶晶 / 软绵绵 / 好端端 / 冷冰冰 / 沉甸甸 / 香喷喷 / 阴森森 / 皱巴巴 / 脏兮兮 / 喜洋洋 / 乐滋滋 / 兴冲冲 / 醉醺醺 / 雄赳赳 / 气呼呼

AABB 式：马马虎虎 / 认认真真 / 辛辛苦苦 / 仔仔细细 / 端端正正 / 老老实实 / 高高兴兴 / 欢欢喜喜

ABAB 式：修理修理 / 开导开导 / 琢磨琢磨 / 钻研钻研 / 调查调查 / 研究研究 / 商量商量 / 讨论讨论 / 考虑考虑

（二）反序词（意思相同）

忌妒（妒忌）　积累（累积）　寻找（找寻）
语言（言语）　力气（气力）　明显（显明）
悲伤（伤悲）　康健（健康）　讲演（演讲）
询问（问询）　牵挂（挂牵）　比对（对比）
感情（情感）　到来（来到）　觉察（察觉）
细心（心细）　代替（替代）　样式（式样）
粮食（食粮）

（三）反序词（意思不同）

气节（节气）　径直（直径）　书包（包书）
刷牙（牙刷）　雪白（白雪）　算盘（盘算）
事故（故事）　和平（平和）　回来（来回）
天蓝（蓝天）　红火（火红）　黄金（金黄）
罪犯（犯罪）　色彩（彩色）　蜜蜂（蜂蜜）
字数（数字）　晴天（天晴）　鸡蛋（蛋鸡）
牛奶（奶牛）　计算（算计）

（四）前后同义构词

温暖　死亡　愚昧　护卫　黑暗　羡慕
明亮　语言　潮湿　寒冷　擦拭　积累

（五）前后反义构词

高低　贫富　详略　存取　前后
尊卑　吉凶　早晚　好歹　深浅
长短　荣辱　左右　成败　昼夜
始终　虚实　缓急　出入　动静
恩仇　开关　冷暖　优劣　黑白
来往　经纬　进退　轻重　褒贬
死活　安危　快慢

（六）形容颜色的词语

表示黄色的词语：金黄／杏黄／橙黄／鹅黄／米黄／柠檬黄／黄澄澄

表示红色的词语：朱／丹／赤／彤／绯／绛／赭／火红／粉红／橘红／桃红／紫红／红扑扑／红艳艳／红彤彤

表示绿色的词语：碧／翠／青／苍／葱／嫩绿／翠绿／碧绿／墨绿／葱绿／绿茸茸／绿生生／绿莹莹／绿油油／橄榄绿

表示蓝色的词语：瓦蓝／碧蓝／蔚蓝／湛蓝／天蓝／蓝莹莹／宝石蓝

表示白色的词语：雪白／灰白／苍白／银白／米白／白茫茫／白皑皑

表示黑色的词语：乌／墨／黛／皂／黔／乌黑／漆黑／炭

黑／黝黑／黑沉沉／黑洞洞／黑乎乎／黑压压

（七）表示动物叫声的词语

鸦（啊）　　牛（哞）　　鹤（唳）　　马（嘶）
羊（咩）　　狼（嚎）　　虎（啸）　　猿（啼）
鹿（鸣）　　龙（吟）　　狮（吼）　　犬（吠）

（八）表示动物栖息场所的词语

鸡（栅）　　狗（窝）　　兔（窟）　　鸟（巢）
鱼（池）　　羊（栏）　　蚕（匾）　　猪（圈）
马（厩）　　蛇（洞）　　龙（潭）　　虎（穴）
牛（棚）　　蜂（箱）

（九）表示声音的词语

瑟瑟（秋风）　　喳喳（麻雀）　　呢喃（燕子）
当当（敲钟）　　吱呀（开门）　　哇哇（乌鸦）
喔喔（公鸡）　　咩咩（小羊）　　霍霍（磨刀）
呱呱（青蛙）　　嗡嗡（蜜蜂）　　嚓嚓（树枝）
喵喵（小猫）　　琅琅（读书）　　呼呼（狂风）
哗哗（大雨）　　沙沙（小雨）　　叽叽（小鸡）
吱吱（老鼠）　　嘎嘎（小鸭）　　汪汪（小狗）
啾啾（鸟鸣）　　叮咚（泉水）　　轰隆（炮声）
咚咚（鼓声）　　潺潺（小溪）　　咕咕（鸽子）
呖呖（黄莺）　　淅沥（春雨）　　飒飒（秋风）

（十）表示"想"的词语

思量　　思索　　沉思　　反省　　推敲

思考　　反思　　思虑　　构思　　斟酌
琢磨　　考虑　　寻思　　酝酿

（十一）表示"快"的词语

马上　　立刻　　立即　　霎时　　瞬间
一瞬间　　一转眼　　一溜烟　　一刹那
刹那间　　转眼间　　顷刻间

（十二）表示"哭"的词语

抽泣　　哭泣　　　呜咽　　　　抽噎
哽咽　　悲泣　　　热泪盈眶　　号啕大哭
泣不成声　　　　　泪流满面　　泪如雨下

（十三）表示"看"的词语

瞟（斜着眼看一下）　　　　眺望（从高处往远处看）
瞄（集中视力注意看）　　　凝视（目不转睛地看）
睨（眼睛斜着去看）　　　　目睹（亲眼看到）
瞥（很快大略地看一下）　　回首（回过头来看）
环视（向周围看）　　　　　张望（向远处或四周看）
瞻仰（很恭敬地看）　　　　浏览（很快大略地看）
蔑视（轻视、小看）　　　　饱览（尽情地看）
俯视（从高处向低处看）　　端详（仔仔细细地看）
窥视（偷偷摸摸地看）　　　注视（集中注意力看）
仰望（抬头向上看）　　　　打量（观察全身）
游览（从容地走着看）　　　怒视（非常愤怒地看）
视察（上级人员检查下级机构工作）

(十四) 含"然"的词语

怡然（心中愉快的样子）

黯然（阴暗或情绪低落的样子）

漠然（不关心、不在乎的样子）

肃然（非常恭敬的样子）

俨然（严肃而认真的样子）

忽然（发生急促而又出乎意料）

果然（完全在意料之中）

竟然（出乎意料）

井然（整齐而又有秩序的样子）

毅然（坚决、毫不犹豫）

惘然（失意的样子）

坦然（心里平静、直爽无隐私）

潸然（流着眼泪的样子）

怅然（因失意而不痛快的样子）

斐然（非常有文采的样子）

(十五) 含"丽"的词语

瑰丽（异常之美）　　　艳丽（鲜艳之类）

秀丽（清秀之美）　　　亮丽（明亮之美）

壮丽（雄壮之美）　　　华丽（华贵之美）

奇丽（罕见之美）　　　绚丽（灿烂之美）

富丽（宏伟之类）　　　俏丽（俊俏之美）

（十六）含"客"的词语

异客（流落他乡的人）

稀客（不经常来的人）

政客（搞政治投机的人）

娇客（对女婿的爱称）

顾客（购买东西的人）

游客（游山玩水的人）

说客（到处游说的人）

远客（远道而来的人）

刺客（专搞暗杀的人）

香客（去寺院烧香的人）

黑客（电脑上搞破坏的人）

生客（素不相识的人）

贵客（地位高贵的人）

茶客（去茶馆喝茶的人）

看客（看热闹的人）

旅客（外出旅行的人）

不速之客（不请自来的人）

（十七）含"笑"的词语

嘲笑（挖苦他人的笑）

奸笑（阴险狡诈的笑）

冷笑（无情讥讽的笑）

狂笑（放纵任性的笑）

耻笑（面带鄙视的笑）

暗笑（藏在内心的笑）

傻笑（无意义的笑）

微笑（不显著的笑）

媚笑（讨好他人的笑）

苦笑（难过勉强的笑）

狞笑（凶恶的笑）

讥笑（讽刺他人的笑）

大笑（前仰后合的笑）

（十八）含"下"的词语

阁下（对对方的敬称）

陛下（对君主的尊称）

在下（对自己的谦称）

麾下（将帅的部下）

足下（对朋友的敬称）

手下（领导者称自己的下属）

殿下（对太子或亲王的尊称）

（十九）含"别"的词语

饯别（设宴送行）

赠别（临别时赠礼）

握别（握手告别）

永别（永远地分别）

阔别（长时间的分别）

诀别（不易再见的分别）

话别（离别前聚在一起谈话）

（二十）含"自"的词语

自勉（自己勉励自己）

自私（只顾自己利益）

自残（自己残害自己）

自立（自己依靠自己）

自惭（自己感到惭愧）

自满（自己盲目满足）

自重（自己尊重自己）

自主（自己做主去做）

自己（抑制自己感情）

自大（自以为了不起）

自制（自己克制自己）

自得（自己感到得意）

自律（自己约束自己）

自恃（自以为有依仗）

自省（自我反思反省）

（二十一）含"手"的词语

舵手（掌舵的人，比喻领导者）

多面手（擅长多种技能的人）

选手（被选中参加比赛的人）

高手（指技能特别高明的人）

能手（精于某种行当的人）

助手（不独立承担任务，只协助别人工作的人）

里手（指内行或行家）

对手（竞赛的对方）

旗手（队伍前打旗的人，比喻领导人或先行者）

（二十二）含"爱"的词语

敬爱（尊重恭敬的爱）

喜爱（有好感的爱）

慈爱（慈祥和善的爱）

亲爱（关系密切的爱）

怜爱（同情怜惜的爱）

热爱（炽热强烈的爱）

疼爱（非常关心的爱）

酷爱（形容非常爱好）

珍爱（特别重视的爱）

友爱（亲近和睦的爱）

宠爱（上对下的喜爱，娇纵偏爱）

（二十三）含"言"的词语

谣言（违背事实的话）

名言（名人说过的话）

方言（地区流行的话）

诤言（劝人改错的话）

忠言（诚恳劝告的话）

格言（教育鞭策的话）

遗言（生前留下的话）

宣言（公开宣告的话）

寓言（有所寄托的话）

预言（预先说出的话）

序言（写在书前的话）

赠言（别时勉励的话）

戏言（随便嬉笑的话）

箴言（规劝告诫的话）

诺言（应允别人的话）

谗言（挑拨离间的话）

狂言（狂妄自大的话）

流言（没有根据的话）

吉言（象征吉祥的话）

谰言（没有根据的话）

良言（使人进步的话）

胡言（胡说八道的话）

婉言（婉转表达的话）

恶言（阴险狠毒的话）

（二十四）含"写"的词语

听写（记录别人所念的文字）

编写（将材料加工、整理成文字）

题写（书写标题、匾额等）

抄写（按原文一字不漏地写）

默写（凭记忆把学过的文字记下来）

描写（用文字表现事物的形态）

改写（按原著变换体裁重写）

速写（用简单线条勾勒对象形态）

填写（在空白处写文字或数字）

（二十五）对"死亡"的称谓

见背（长辈之死）　牺牲（烈士之死）　就义（烈士之死）

捐躯（为国之死）　客死（他乡之死）　升天（教徒之死）

羽化（道士之死）　坐化（和尚之死）　夭折（少年之死）

暴卒（突然之死）　横死（意外之死）　驾崩（帝王之死）

登假（帝王之死）　永别（表示敬意）　千古（表示敬意）

安息（表示敬意）　仙逝（表示敬意）　逝世（表示敬意）

西逝（表示敬意）　罹难（遇险之死）　崩殂（帝王之死）

晏驾（帝王之死）　毙命（罪犯之死）　不禄（士人之死）

殉职（公务之死）　圆寂（僧尼之死）

（二十六）日常文明礼貌用语

久仰（仰慕已久）　　　　久违（好久不见）

拜访（看望别人）　　　　光临（客人来到）

恭候（等候客人）　　　　失陪（中途离开）

留步（请人勿送）　　　　告辞（与人分别）

惠书（对方来信）　　　　奉还（归还原物）

斧正（请人改文）　　　　打扰（麻烦别人）

劳驾（请人帮忙）　　　　借光（求给方便）

包涵（求人原谅）　　　　拜托（托人办事）

赐教（请人指教）　　请问（请人解答）

高见（赞人见解）　　光顾（欢迎顾客）

高寿（老人年龄）　　惠赠（对方赠予）

寒舍（自己家）　　　尊府（别人家）

贵姓（问人姓氏）　　笑纳（请人接受）

（二十七）表示模糊时间的词

拂晓（天将要亮的时候）

凌晨（零时到六时这段时间）

傍晚（临近晚上的时候）

黄昏（日落以后天黑以前的这段时间）

晚上（日落到深夜前的这段时间）

早晨（从天刚亮到八九点这段时间）

午夜（夜里十二点前后的一段时间）

清晨（日出前后的一段时间）

中午（白天十二点前后的一段时间）

上午（从清晨到正午十二点这段时间）

夜间（从天黑至天亮的这段时间）

下午（从正午十二点到日落这段时间）

（二十八）表示"第一"的词语

首／元／甲／冠军／状元／桂冠／榜首

（二十九）"双关"词语

推敲（思考）　鸿雁（书信）　尺素（书信）

早晚（迟早）　桑榆（晚率）　三尺（法律）

巾帼（女子）　园丁（老师）　东床（女婿）

青丝（黑发）　秋霜（白发）　社稷（国家）

桑梓（家乡）　桃李（学生）　白丁（平民）

输墨（文章书画）　下课（被人开除）

下海（离职经商）　汗青（书籍史册）

穿小鞋（找人麻烦）　戴高帽（说人好话）

刮鼻子（比喻训斥）　定心丸（稳定情绪）

炒鱿鱼（解雇撤职）　开小灶（特殊照顾）

杀青（定稿；影视作品拍摄部分已经完成）

（三十）人体名称的妙喻

手腕（手段）

须眉（男子）

手足（兄弟）

心胸（气量）

腰杆子（靠山）

臂膀（得力助手）

眉睫（事情紧迫）

咽喉（交通要道）

心血（心思和精力）

心脏（中心或最重要的部分）

头脑（思维能力；头绪；首领）

心肠（心地；心眼）

心尖儿（父母对儿女的称呼）

手心（所能控制的范围）

眉目（条理、头绪或线索）

口舌（交涉时所说的话）

心腹（最亲近信任的人）

胃口（食欲、食量或兴趣）

肝胆（真诚的心或勇气）

骨头（人的品质、气概）

口齿（表示一个人的口才）

耳目（替人刺探消息的人）

骨肉（指父母兄弟子女等亲人）

骨干（能起主要作用的人或事物）

心肝（良心或心爱的人）

骨架（比喻在物体内部支撑的架子）

（三十一）读轻声，意思发生改变的词语

大意 [dà yì]（主要的意思）

大意 [dà yi]（疏忽，不注意）

地道 [dì dào]（地下的通道）

地道 [di dao]（纯正的）

东西 [dōng xī]（东面和西面）

东西 [dōng xi]（泛指各种事物）

对头 [duì tóu]（正确，合适）

对头 [duì tou]（对手）

老子 [lǎo zǐ]（古代思想家）

老子 [lǎo zi]（父亲）

门道 [mén dào]（门洞）

门道 [mén dao]（门路）
孙子 [sūn zǐ]（古代军事家）
孙子 [sūn zi]（儿子的儿子）
兄弟 [xiōng dì]（哥哥和弟弟）
兄弟 [xiōng di]（弟弟）
运气 [yùn qì]（把力气贯注到身体某一部位）
运气 [yùn qi]（命运；幸运）
照应 [zhào yìng]（呼应）
照应 [zhào ying]（照料）
自然 [zì rán]（自然界；自由发展，不经人力干预；表示理所当然）
自然 [zì ran]（不勉强，不局促，不呆板）

（三十二）和"蚕食"结构相同的词语

蚕食（像蚕吃桑叶一样逐步侵占）
蜂拥（像蜂群一样拥挤着朝一个方向走）
雀跃（像雀儿一样地跳跃）
乌合（像乌鸦那样无组织无纪律地聚集）
鼠窜（像老鼠那样惊慌逃走）
狐疑（像狐狸那样多疑，遇事犹豫不决）
鱼贯（像游鱼般一个挨一个地连接着走）
蛇行（像蛇一样全身伏地爬行）
蝉噪（像蝉一样聒噪，讽刺诗文多浮词滥调，无病呻吟）
鲸吞（像鲸鱼一样的吞食，多用来比喻侵吞土地）

（三十三）人物的别称

先母、先慈、先妣（去世的母亲）

先父、先严、先考（去世的父亲）

家父、家严（称自己的父亲）

家母、家慈（称自己的母亲）

高堂、椿萱、双亲（父母代称）

令尊、令堂（称别人的父母）

令兄、令妹（称别人的兄、妹）

令郎、令爱（称别人的儿、女）

伉俪、配偶、伴侣（夫妻）

拙荆、贱内、内人（称自己的妻子）

夫人、太太、娘子（妻子）

门生（学生代称）

恩师、夫子（老师）

受业（学生对老师的自称）

丈人、岳父、泰山（妻之父）

月老、红娘（媒人）

墨客（文人）

昆仲（称别人的兄弟）

高足（称别人的学生）

（三十四）男女年龄雅称

襁褓（不满周岁）　　　　孩提（二三岁）

豆蔻（女子十三四岁）　　及笄（女子十五岁）

弱冠（男子二十岁左右）　而立（三十岁）

不惑（四十岁）　　　　　半百、知命（五十岁）

花甲、耳顺（六十岁）　　耆（六十岁以上）

古稀（七十岁）　　　　　耋（七八十岁）

耄（八九十岁）　　　　　期颐（一百岁）

孩子也可以按照这样归类的方法，把一些词语进行归类整理，方便记忆和运用，这对于遣词造句是很有帮助的。

掌握了以上培养孩子遣词造句能力的方法，接下来就一定要加强练习。低年级孩子在练习时注意采用句子的仿写练习和句子的改写练习相结合的方式。

例如：引导孩子先用一个词说一个短句，然后在短句的基础上，不断充实内容，把句子的意思表达清楚。指导孩子遣词造句时，5~7岁的孩子主要以模仿为主，认识完整句子，说完整句子，可以用"什么是什么""谁干什么""谁怎么样""谁在什么时间、什么地点干什么"等句式训练。8~12岁的孩子，不仅要学会模仿，还要学会创新，引导孩子分析因果关系、转折关系、递进关系，分析比喻句、排比句、拟人句、夸张句。要拓展词汇空间，打开思路，才能造出新颖的句子。

爸爸妈妈心中要明晰，要想培养孩子遣词造句的能力，不是一朝一夕的事情，是一个漫长的过程，这不仅需要孩子的不断努力，也需要家长和老师的不断反思，在反思中寻求更好的办法，达到更好的效果。

18年的语文教师告诉你，如何让孩子的作文不再是"流水账"

孩子们在一二年级时，老师会要求孩子能够看图写话，到了三年级就正式写作文了。一提到写作文孩子就犯难，尤其害怕每次考试中的作文题里要求达到的字数。孩子东拼西凑勉强凑够字数，可是作文内容呢？就像流水账，没有重点，文章索然无味，这让很多爸爸妈妈头疼。那么，作为老师或者爸爸妈妈怎样引导孩子把一篇作文写得不像流水账？

一、语言简洁不啰唆

很多孩子一写作文，就会出现语句不通顺、句子啰唆、句意重复的问题。想表达一个意思，句子绕来绕去说不到重点，看上去写了很多文字，洋洋洒洒，其实是凑字数。特别对初学作文的孩子来说，刚刚接触习作，一定要有意识地把次要叙述的部分，即不重要的、重复啰唆的句子换成几个词甚至是一个词来说。越简单越好，能用一个词绝不用几个词，能用一句话说清楚绝不用几句话说清楚，要做到简洁明了、言简意赅，让读者一眼就能够看出所要表达的意思。

二、摈弃口语改书面语

小学阶段孩子写作文主要是把生活中的所见、所听、所触、所嗅、所感、所悟用书面语呈现出来。孩子在写作文初期写不出语句怎么办呢？家长和老师可以引导孩子知道：刚开始学习写作文时，写作文不是讲话，不需要像演讲那样考虑场合、考虑环境、考虑听众，先将自己的口语变成书面语，然后把书面语用很优美的语言概括出来就可以了。

三、巧用成语添文采

前面说到了把同类的词语归类，增强遣词造句的能力，那么归类后就需要用起来。爸爸妈妈和老师一定要引导孩子在写作文中，多用成语，巧用成语，而且要用对地方，成语能够给文章加分，从小学的时候就要慢慢积累，培养孩子使用成语的习惯。

四、引用故事暖人心

中小学阶段的习作里，要求孩子文章中呈现的意识形态、价值观必须是积极的、有正能量的。一篇好的作文可以让人眼前一亮，又直抵人心。那么在作文中恰当地引用一个小故事，不仅可以让作文情真意切，又可以让作文更加有层次、有厚度，让读者产生共鸣。

五、规范书写不粗心

作文中出现错别字和错误的标点符号是孩子写作文最常见的通病。文章要想写得好，先从语句语言开始，规范书写。不仅要写美观，更要求不写错别字。这也是老师评阅作文的一项重要标准。

六、他山之石可借鉴

大量甚至是海量的课外阅读是孩子写好作文必不可少的基础。

孩子在课余时间，一定要多阅读，多欣赏那些经典书目和文章，并指出好文章中的亮点，要学会把那些亮点引用到自己的作文里面，从而让自己的文章闪闪发光。

七、火眼金睛找差距

阅读别人的优秀作文，还需要引导孩子多比较同一类型的作文，给孩子树立这样一个意识：比较自己写的作文和别人写的区别。学会看到别人文章的长处与不足，多比较自己的文章和那些好文章的区别在哪里，取长补短，久而久之自己的文章会越写越好。

上面的七种方法易落地易操作，鼓励孩子赶紧用起来吧。

在写完作文以后，还需要引导孩子检查自己的作文并润饰文字，避免出现低级错误。我在教学实践过程中发现：很多孩子写完作文后，如释重负，根本不想着再读一读，修改修改。而好的文章往往都是"三分写，七分改"。写完作文后，孩子一定要看一看，改一改，看看文字是否足够，全文是否流畅，逻辑是否通畅。在修改的过程中才能考虑是否有更合适的表达方法，应该仔细考虑这两个同义词中哪一个更适合文中这句话。相信经过长时间的练习，孩子能够渐渐地达到以下的习作标准：

1. 思想健康，中心明确。
2. 内容具体，条理清楚。
3. 语句通顺，意思连贯。
4. 详略得当，主次分明。
5. 善于观察，想象丰富。
6. 书写工整，格式正确。

事不宜迟，练习起来吧！

5 小学生怎样写演讲稿

演讲稿是孩子当众演讲最核心的内容。这个小节一起探究小学生怎样写演讲稿。

小学生的演讲稿,可以分为以下三部分:

一、问候观众,点明主题

在动笔写演讲稿之前,家长和老师需要引导孩子必须要想清楚两个特别关键的问题:

1. 今天的演讲,我是对谁说的?演讲给谁听?

2. 如果用一句最简单的话概括演讲的内容,我最想说的是什么?

想好了这两个问题,就可以在开头通过问候的方式来点明对象,再用简单的方式来表明演讲者最主要的意思。

著名的主持人、媒体人杨澜,在20多年前曾经作为申奥大使,为北京申办2008年奥运会发表主题演讲。在国际上这么重要的演讲,看看杨澜是怎样开场的呢?

主席先生,女士们,先生们:

下午好!在向各位介绍我们的文化安排之前,我想告诉大家,你们2008年将在北京度过一段愉快的时光。

这个开场白,可以说是开门见山,非常简单直白。从这个例子我们可以看出:开场的方式不一定要特别复杂,也可以这样简单直接地开始你的演讲。

各位同学们,老师们:

大家好!

我今天演讲的题目是《校园文明伴我行》。

开头用这样简单的开场就可以了吗?当然不是!有一个重要环节可别忘了——"拉关系"!

这里的"拉关系"可不是走后门的意思,而是在演讲开场白后,演讲者可以紧跟着讲一小段话,尽快拉近和听众的距离,唤起台下听众听你演讲的兴趣。

如何唤起听众的兴趣呢?在准备演讲稿时,可以有一小段和听众想法有关系的内容,也可以预设一下演讲的场景,准备一段跟演讲时的情景有关系的内容。设置这个环节的目的是用这一小段文字迅速拉近演讲者和听众的距离。

一位总统,在新学期开始的时候给全国的中小学生致辞,他问候完大家之后，说了下面一段话：

  我知道，今天是你们很多人开学的日子。对于进入小学预备班、初中或高中的学生，今天是你们来到新学校的第一天，心里可能有点紧张，这是可以理解的。我能想象有些毕业班学生现在感觉很不错——还有一年就毕业了。不论在哪个年级，你们有些人可能希望暑假更长一些，今天早上还能多睡一小会儿，我了解这种感觉。

  你瞧，总统先生多么了解孩子们的心声啊，一下子拉近了和听众的距离。如果你是台下的小学生，你一定也会觉得这个总统像个知心叔叔。所以，你也可以在演讲开始的时候，来一小段"互动"，拉近距离，开启主题。

  国庆节到了，你要讲《热爱祖国从我做起》，可以这样说：今天是个特殊的日子，是一个全国人民热切盼望的日子——祖国母亲的生日！你可能早已计划好了长假7天的旅游行程，或者安排好了学习计划，这些都很棒。但千万别忘了，在这一天，我们每一个中国人，都要用自己的方式，为祖国母亲庆祝生日！

二、讲个故事，表达心意

  打完招呼、说完主题之后，就正式进入主体演讲部分了。演讲的主体部分如果都是大道理，既不容易写得长，也易引起听众对于大道理的抗拒性。如果用精彩的短故事，比光讲大道理要好得多。你可以讲一个故事，也可以讲几个故事；可以采用并列结构，也可以采用递进结构。每个故事都要精心选择，在选故事的时候，注意以下几条：

（一）讲一个自己的故事

讲自己的故事，内容会更真实，细节会更丰富，也会让演讲的感染力、说服力增强。请比较以下两段话：

中国新农村的建设日新月异。许多偏僻、闭塞的村庄，实现了家家通自来水和电，还通了公路，农村人可以进城打工挣钱，城里人也可以去乡间探亲、度假。新农村的路，就是这样通畅的路。

我的奶奶家就住在大别山脚下。小时候每次去探望她，总要步行走一段崎岖的山路，一路颠簸得只想吐，下雨时更是泥泞不堪，我每次走在那条路就忍不住唉声叹气，别说年迈的奶奶了。但今年过年回家的时候，我简直不敢相信自己的眼睛——平坦的马路一直通到奶奶家门口。爸爸驱车飞驰在这条路上，路旁的绿树红花迅速倒退着，我们全家人的心情都要飞起来了——是啊，看到新农村的变化，看到祖国的发展，我们的心要飞起来了！

这两段演讲稿相比较，第一段平淡无奇，第二段明显更有感染力。要想在演讲中多讲自己的故事，在构思的时候，就要充分唤醒自己的经验，如果孩子自己想不起来，爸爸妈妈需要帮助孩子唤起生活里的经验和趣事。

（二）讲名人身上鲜为人知的故事

有些时候，我们需要引用一些名人轶事，来帮助我们表达观点。在选择名人故事的时候，先要考虑演讲当天的听众是否认识这位名人，再考虑一下他们是否对这件事已经非常熟悉。试着先去采访你的父母和同学，看他们是否熟悉。如果大家对这件事都已经特别熟悉，那么这个故事就不适合用。选择的故事最好是听众知晓这个名人，但是对于你讲的故事不清楚。这样的设计，可以增强听众对于演讲的好奇和关注。

因此，在写演讲稿的时候，一定要研究听众。根据你的听众，选择你的故事。

第一，要选择他们熟悉的人物。

第二，最好不要选择他们非常熟悉的事件。

（三）少反面故事，多正面故事

有的故事给我们反面的警示和教训，有的故事给我们正面的经验和激励。演讲的时候要注意：反面的故事和语言，会让听众产生恐惧、担忧、厌恶、愤怒、自责等感受；正面的故事和语言，则可以让人产生更积极的情感——备受鼓舞，充满信心，乐观坚定等。比较下面两段话：

我们必须要好好学习，将来才能建设祖国。多少地痞流氓、少年犯都是从厌学开始，一步步走向歧途的。古代神童方仲永，不就是因为没有好好学习，而浪费了自己的天赋吗？如果现在不好好学习，将来不可能成为有用的人才。

认真学习数学和科学，也许未来你就可攻克癌症、艾滋病这样的疑难杂症，让人们减少病痛；也许你开发的人工智能，可以超过 ChatGPT，改变人类生活方式；也许你还可以开发新的能源和技术，让地球的环境更美好。认真学习语文和历史，也许未来你就可以消除贫困，打击犯罪，让社会更加公平、和谐。学习可以让我们拥有智慧、振兴祖国。

这两段演讲稿，你更愿意听哪一段呢？毋庸置疑，第二段更具有吸引力。因此在演讲时，正面的语言更容易传递信息，激励听众。所以，在写演讲稿的时候，将美好的情形具体描述出来，是一个好办法。

三、巧用金句，重申观点

故事讲完以后，一定要加上自己的感想、评价和倡议，在全篇中可以多次出现一个言简意赅又容易让听众记住的金句。例如崔万志在《我是演说家》演讲时，多次重复一个金句："抱怨没有用，一切靠自己。"这个金句不仅把演讲者的想法充分表达出来，还再一次重申了演讲者在开头最想表达的观点。

金句可以在演讲中和临近结尾时使用，尤其是在接近演讲的结尾用上金句，让语言的气势逐步加强。金句可以是引用的名言、诗句，可以多使用排比、对偶的修辞，并且多用短句子。这些都是增强语势的办法。

演讲稿《校园文明伴我行》的结尾：
第一段：综上所述，我们每一个人，都应该讲文明。希望大家一定要注意自己的言谈举止，不要在校园里大吵大闹、乱丢垃圾、违反秩序、践踏草坪，那样是错误的行为。同学们记得要保持微笑和热心。这样，才是文明礼仪的小学生该做的事情！谢谢大家！

第二段："爱人者，人恒爱之；敬人者，人恒敬之。"对他人多一些尊重、多一分宽容、多一些理解，自己就将收获多一分成长。亲爱的同学们，让我们共同努力，让文明礼仪之花，绽放在校园里！谢谢大家！

演讲稿的结尾，是全篇的高潮，不宜拖沓、啰唆，而应在精彩的同时，做到简短有力。这需要孩子反复斟酌语言，写好演讲稿以后一定要反复朗读，不顺口的地方要替换词语，调整语序。

总结一下，孩子写好演讲稿，总共分三步：

1. 问候听众，点明主题。
2. 讲个故事，表达心意。
3. 巧用金句，重申观点。

会说话会写作,和孩子一起成为能说会写的表达高手

出口成章,下笔成文的表达高手,不仅可以是孩子,更可以是你!

爸爸妈妈在工作和生活中有没有遇到这样的情况:

工作汇报时,觉得肚子里墨水不够,挥洒不出心中的豪情壮语?

与别人交流讨论时,会后总觉得自己刚才没有发挥好,好多观点想表达但就是想不起来怎么说。

团队建设时,自己很多优秀的创意和方案,并没有说服团队伙伴和老板。

说服教育孩子时,苦口婆心地说了半天,孩子并不理解你的良苦用心,还嫌家长啰唆,太烦了。

……

这种"书到用时方恨少"的感觉,我们可以和孩子一起改善。

怎样和孩子一起成为一个既会说话又会写作的表达高手呢？

我们可以苦练两个内功：输入和输出。输入是积累素材、蓄积能量，输出是展示才华、表达与写作。

一、先聊一聊"输入"

很多爸爸妈妈之所以出现前面案例中的情况，大多数情况下是因为没有积累足够多的素材，输出的量不够。那怎样积累素材呢？

（一）博览群书

我们可以通过不断地读书，拓宽自己的知识面，提升自己的认知，增加自己的自信。侃侃而谈的人必定有丰富的文化底蕴作基础，所以他们才能出口成章。当你积累了足够多的知识，对这个世界有了足够深刻的认识，才会对自己的学识产生自信，才能够在别人面前勇敢地发表自己的看法。

（二）分门别类收集素材

一是按照不同场合需要积累素材。

根据你经常需要用到的当众讲话的场合，是单位汇报、人际交往、领导讲话，还是亲子育儿等，有意识地收集不同的素材。

二是按照人物积累素材。

演讲稿中一定离不开人物，平时有意识地积累人物素材可以让演讲稿更丰富。可以按古、今、中、外等分类来收集素材，这样我们需要用时可以精准定位自己的人物素材库，瞬间说出或写出想写的人物案例。

三是按照主题积累素材。

要想做一场精彩的主题演讲,那么需要提前积累相关主题的素材,不同主题对应不同的内容。当我们某个场合需要表达或写作某个主题时,可以迅速找到自己素材库中对应的素材,达到事半功倍的效果。

家中有粮,心中不慌。通过阅读分类整理好素材,有了属于自己的素材库,也就增加了表达的底气,让自己和孩子能出口成章、下笔成文。

二、再聊一聊"输出"

有了积累就需要表达,输出就是说和写。很多在生活中非常内向的人,面对别人总是不知道如何交流,都希望自己有一张能说会道的嘴,能够非常自信地侃侃而谈,成为众人的焦点,那怎样才能高质量输出?

(一)忽视别人

忽视别人并不是鼓励你和孩子特立独行,而是指在表达的过程中不要过多地在意别人的想法。生活中很多性格比较内向的人,大多太过重视别人对自己的看法,所以他们在面对别人的时候,总是会有着这样或那样的顾虑,导致自己表达时放不开。这个时候就需要我们放平自己的心态,忽视别人对自己的看法,才能勇敢地表达自己。

(二)刻意练习

人们常说一万小时定律。其实,任何一种技能,只要通过大量、反复的练习,一定会得到突飞猛进的进步。练习口才更是如此。

那些非常有名的演说家，在背地里也经常会照着镜子练习自己的仪态和语速。练习可以让我们找到自己的缺点和不足，不断完善自己。不要怕出错，敢于开口就是一个很大的进步。

（三）坚定立场

演讲时一定要主题鲜明，观点明确，有自己的想法和主见。坚持自己的看法，做个有主见的人，才不会人云亦云。想做一个侃侃而谈的人，不仅要敢于说出来，而且还要敢于坚持自己，只有你本身是一个有想法的人，才能够去跟别人阐述你的思想。

加油吧，让我们通过努力和孩子一起自信满满地站在舞台上，熠熠闪光。

 故事和游戏

我是小李白

中国古典文化博大精深,很多家长从小很注意培养孩子读、背古诗词,如果孩子可以在演讲中加入几句古诗词,不仅让演讲引人入胜,还可以丰富演讲的内涵,提升演讲稿的内在美。

和孩子一起玩玩"飞花令",做个诗仙小李白。

"飞花令"在古时候就是文人墨客们喜爱的文字游戏,就连名字也来源于唐朝诗人韩翃《寒食》中"春城无处不飞花"一句。古代玩法难度稍大。降低难度,爸爸妈妈和孩子或者几个好朋友就可以玩起来。

玩法如下:

设置一个关键字,如"花""雨""春""月"等诗词中的高频字,或者设置一个关键词,如"有关动物的诗词""有关离别的诗词"等,两人或多人轮流说出含有关键字的诗句,答不上来或重复为输。

例如:飞"江"字

1. **江**南好,风景旧曾谙。日出**江**花红胜火,春来**江**水绿如蓝。
2. 月落乌啼霜满天,**江**枫渔火对愁眠。
3. 竹外桃花三两枝,春**江**水暖鸭先知。
  4. 天门中断楚**江**开,碧水东流至此回。
   5. 迟日**江**山丽,春风花草香。

6. 孤舟蓑笠翁，独钓寒**江**雪。

7. 野径云俱黑，**江**船火独明。

8. 至今思项羽，不肯过**江**东。

9. 朝辞白帝彩云间，千里**江**陵一日还。

10. 寒雨连**江**夜入吴，平明送客楚山孤。

11. 孤帆远影碧空尽，唯见长**江**天际流。

12. 过**江**千尺浪，入竹万竿斜。

13. 黄师塔前**江**水东，春光懒困倚微风。

14. **江**上往来人，但爱鲈鱼美。

15. 春风又绿**江**南岸，明月何时照我还？

试试你和孩子可以"飞"几轮呢？

后记

每一个孩子，都是值得被鼓掌的"演说家"

不知不觉我们一起看完了这本书，接下来我们需要的是和孩子一起按照书中的方法实际练习起来。无论孩子目前的表达状态处于什么阶段，我们都需要用多种方法鼓励孩子展示自己、表达自己。因为每一个孩子都有表达想法的权力，每一个孩子都是值得被鼓掌的"演说家"，每一个孩子未来都可以成为自己行业领域的"演说家"。同时，我们的工作还是思维引导、方法传递，赋予孩子思考的力量。在孩子最美的童年时光里，参与孩子的成长，同孩子一起去发现、去创造，用最有力的语言、最真挚的情感认识这个世界、探索这个世界，向世界传递最美的声音！